KB221053

행복
계약서

자녀 돈 공부와
부모 노후 안정의 해결책

행복
계약서

나는 가족의 행복을 위해
아이와 계약서를 썼다

공빠TV 지음

자화
상

가족, 돈 그리고 행복
우리 가족이 세우고 지켜낸 약속

가족은 가장 따뜻하고 안전한 울타리다. 하지만 돈 문제가 얽히기 시작하면 그 울타리는 때때로 위태로워지기도 한다. 주변에서 자산을 둘러싸고 부모와 자녀 간이나 형제자매 간에 갈등이 생기고, 오랜 시간 쌓아온 가족 간의 신뢰가 무너지는 안타까운 사례들을 종종 보곤 한다. 한 번 금이 간 가족 관계는 회복하기 어렵다. 돈 때문에 상처받고 멀어지는 가족을 볼 때마다 과연 어떻게 해야 이 문제를 해결할 수 있을까 고민해 왔다.

자본주의 사회에서 돈은 그 무엇보다 중요한 생존 도구다. 학교에서는 돈에 대해 가르쳐 주지 않기 때문에 대부분의 사람이 성인이 된 후에야 돈의 중요성을 깨닫는다. 하지만 그때는 이미 경제적 어려움에 부딪혀 있는 경우가 많다. 우리 부부는 자녀들에게 돈 공부를 시키면서 어릴 때부터 경제적 독립을 준비시키는 것이 중요하다고 믿었다. 이 과정에서 자녀들이 부모에게 의존하지 않고 자신의 힘으로 삶을 꾸려갈 수 있는 능력을 기르는 것이 필요했다.

고민 끝에 나와 아내는 '행복 계약서'를 만들었다. 부모와 자녀 간의 경제적인 계약 관계를 다룬 행복 계약서는 단순한 문서가 아니다. 이 계약서는 자녀들에게 경제적인 독립을 가르치고 부모로서 책임을 다하면서도 자녀에게 공평한 기회를 제공하는 가족의 진정한 행복을 위한 계약서다.

부모가 자녀에게 무조건적인 지원을 하지 않고, 일정한 조건과 규칙에 따라 지원을 제공하는 것이, 행복 계약서의 골자이다. 예를 들어, 자녀가 대학에 진학하면 학비와 생활비를 대출 형식으로 지원하고, 졸업 후 일정한 기간 내에 상환하도록 했다. 이는 자녀에게 경제적 책임감을 길러주고 돈의 가치를 이해하게 만드는 중요한 훈련이 되었다.

그렇다고 이 계약서가 자녀들에게만 부담을 짊어지게 하는 것은 아니다. 부모 역시 자신의 노후를 스스로 준비하고 자녀에게 과도한 부담을 주지 않는 것이 중요하다고 생각했다. 그래서 우리는 가족 연금이라는 개념을 도입했다. 이는 부모가 주택연금 대신 자녀들에게 일정 금액을 연금처럼 지원받는 방식으로, 자녀와 부모

모두에게 이익이 되는 새로운 모델이다. 이를 통해 부모는 경제적 안정 속에서 노후를 보낼 수 있고, 자녀들은 부모에게 효도하면서도 확실하게 상속을 받을 수 있다.

우리 가족이 '행복 계약서'를 통해 겪은 시행착오와 성공적인 경험을 솔직하게 나누고자 이 책을 쓰게 되었다. 이 책은 단순히 행복 계약서의 내용을 설명하는 데 그치지 않는다. 가족 간의 진솔한 대화와 공평한 조정을 통해 가족 전체가 경제적으로 성장하고, 함께 행복을 누릴 방법을 제시하고자 했다.

가족이란 서로를 돕고 지지하는 공동체이다. 하지만 그 안에서 경제적 불균형이 생기면 갈등이 생기기 마련이다. 행복 계약서는 이러한 문제를 미리 예방하고 가족 모두가 함께 성장할 수 있는 길을 열어 줄 것이다.

부디 이 책을 통해 많은 가정이 경제적 문제로 인해 불필요한 갈등을 겪지 않고, 서로를 이해하고 존중하며 함께 행복을 찾아갈 수 있기를 바란다. 우리 부부의 경험이 당신의 가정에도 유익한 지침이 되길 바라며 이 책이 모든 가족에게 경제적 평화와 안정, 그리고 진정한 행복을 가져다줄 수 있기를 희망한다.

공마와 공빠

1장

자녀를 지원하는 데
적정선이 필요한 이유

2장

가족의 행복을 위해
아이와 계약서를 썼다

3장
행복 계약서,
차근차근 한 걸음씩

4장
행복 계약서 Q&A

5장
행복 계약 당사자의
생생한 후기

1장

자녀를 지원하는 데
적정선이 필요한 이유

노후 생활비,
계획을 세우셨나요?

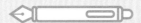

통계청에서 발표한 자료(2021년)에 따르면 평균 퇴직 연령은 49.3세이고, 평균 은퇴 연령은 72.9세였다(도표 참조). 100세 시대가 도래하면서 노후를 대비하지 않은 채 나이를 먹는 것은 큰 재정적 위기에 직면할 수 있는 위험한 선택이 될 수 있다.

가족 구성원에 따라, 상황에 따라 다르겠지만, 자녀가 있는 가정이라면 자녀 양육비와 교육비를 챙기다 노후 준비에 소홀하기 십상이다. 그렇다면 현실적으로 노후 생활비를 어떻게 마련해야 할까? 그리고 그 과정에서 자녀들과의 경제적 관계는 어떻게 설정해야 할까?

대표적인 노후 대책 3가지

but 은퇴희망 연령은 72.9세
실제 퇴직 연령은 49.3세

은퇴 희망 연령
실제 퇴직 연령

출처: 통계청 경제활동인구 고령층 부가조사

노후 생활비를 마련하는 방법은 저마다의 상황에 따라 다양한데 대부분이 퇴직금을 기반으로 연금을 활용하거나 부동산에서 나오는 수익에 의존한다. 그러나 이러한 방식이 항상 안정적인 노후를 보장해 주는 것은 아니다.

예를 들어 직장 생활 동안 모아온 퇴직금과 국민연금으로 노후를 준비한다고 해도 퇴직 후 예상치 못한 의료비와 생활비 증가로 인해 퇴직금이 빠르게 줄어들 수 있다. 이 경우 고정된 연금 수익

만으로는 생활비를 충당하기 어려워지며 새로운 소득원을 찾아야 할 수 있다.

부동산 수익도 마찬가지이다. 일반적으로 부동산을 보유하면 고정적인 월세 수익으로 안정적인 노후를 기대할 수 있다고 생각하지만, 부동산 시장이 불안정해지면 월세 수익이 줄어들 수 있으며 부동산 유지비는 시간이 지날수록 증가하게 된다. 또한 나이가 들면서 부동산 관리가 점점 어려워지는 문제도 발생할 수 있다.

일부는 자녀에게 의지해 노후를 보내려는 이도 있을 수 있다. 자녀가 처음에는 효도한다는 마음으로 부모의 노후를 책임지겠다고 할지도 모른다. 그러나 시간이 지나면서 자녀들의 경제적 부담이 커지면 부모를 부양하는 것이 큰 압박으로 다가올 수 있다. 실제로 이로 인해 가족 간 갈등이 생기기도 한다.

주택연금의 장단점

한편 정부의 가계금융복지조사에 따르면, 2023년 3월 말 기준 우리나라 가구의 평균 순자산은 4억 3,540만 원이며 그중 대부분이 부동산, 특히 주택에 묶여 있다. 비율로 보면 전체 자산의 76.1%가 실물 자산이며, 그중에서도 주택 자산에 집중되어 있다.

집을 가지고 있는 이들 중에는 주택연금으로 노후 생활비를 마련하는 방법을 고려하기도 한다. 주택연금은 주택을 담보로 노후 생활비를 일정 금액씩 연금 형태로 받을 수 있는 제도다.

주택연금의 가장 큰 장점은 두 가지이다. 첫째, 평생 내 집에서 거주하면서도 연금을 받을 수 있다. 집을 잃지 않고 안정적으로 노후를 보낼 수 있어 마음이 편안해진다.

둘째, 국가가 이를 보장하기 때문에 안정성이 높다. 주택연금의 평균 가입자 연령은 72세, 평균 주택 가격은 약 3억 원, 평균 월 지급금은 약 100만 원에 달한다. 노후 생활비로 활용하기에 나쁘지 않은 금액이다.

그러나 주택연금에는 단점도 존재한다. 첫째, 신청할 때 비용이 많이 든다. 주택연금을 신청하면 보증료와 대출 이자가 발생하는데, 이는 예상보다 상당한 금액이 될 수 있다.

둘째, 주택연금을 선택하는 순간 해당 주택을 활용한 투자는 중단된다. 재건축이나 리모델링 등 자산 가치를 높일 기회가 제한되며 자산 증식의 가능성이 사라진다. 집값이 오르더라도 받는 주택연금액은 동일하다. 주택 가격 상승의 혜택을 온전히 누리지 못한다는 점에서 아쉬움이 남는다.

서울시 아파트 매매 가격 지수를 보면 장기적으로 가격이 상승해 왔음을 알 수 있다. 물론 부동산 시장은 변동성이 크지만, 장기적으로 인플레이션에 따른 가격 상승 가능성은 항상 존재한다. 실제로 주택연금을 선택한 후 집값이 올랐을 때 주택연금을 해지하는 사례도 종종 발생한다. 주택연금을 해지하면 그동안 받았던 연금액과 비용을 모두 반환해야 하는 부담이 생긴다.

셋째, 주택연금을 선택하면 해당 주택에서 계속 거주해야 하므로 이사가 어려워진다. 노후에 주거지가 고정된다는 점은 안정적일 것 같지만 의외로 단점이다. 시간이 지나 큰 집을 유지하는 것이 부담될 수 있고 나이가 들면 더 작은 집으로 이사하고 싶어질 수도 있지만, 주택연금은 이러한 변화를 어렵게 만든다.

이처럼 노후 생활비를 마련하는 방법에는 여러 가지가 있지만, 한 가지 방법에만 의존하는 것은 위험할 수 있다. 예기치 않은 변수들이 생길 수 있기 때문이다. 우리 부부가 제안하는 노후 생활비 대안은 바로 '가족 연금'이다. 가족 연금은 주택연금의 단점을 보완하고, 가족 간의 신뢰와 협력을 바탕으로 노후를 준비하는 새로운 방법이다.

가족 연금의 개념은 간단하다. 부모가 주택을 담보로 하는 대신, 자녀들이 부모에게 일정 금액을 연금 형태로 지급하는 것이다. 부모는 자녀에게서 매달 일정 금액을 받으며 노후를 준비하고, 자녀들은 부모의 주택을 상속받을 권리를 갖게 된다. 이렇게 하면 부모는 주택을 유지하면서도 노후 자금을 마련할 수 있고, 자녀들은 부모의 자산을 보호하면서 장기적인 계획을 세울 수 있다. 그럼, 노후 생활비의 대안이 될 수 있는 가족 연금에 대해 자세히 알아보자.

자녀에게 빨대 꽂지 말고,
꽂히지도 않고

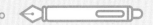

부모와 자녀 간의 경제적 관계는 매우 민감한 주제다. 특히 나이가 들고 경제 활동이 어려워진 부모들 중에는 자녀에게 의지하려는 이도 있다. 자녀가 부모를 부양하는 것을 당연히 받아들일 수도 있지만, 이러한 경제적 의존 관계는 자칫하면 부모와 자녀 간의 관계를 악화시키고 가족 간의 갈등을 초래할 수 있다. 그렇다면 부모와 자녀가 서로 부담 없이, 건강한 경제적 관계를 유지하면서도 행복할 방법은 무엇일까?

우선 부모가 자녀에게 경제적으로 의존하지 않는 것이 중요하다. 많은 부모가 자신의 노후를 자녀가 책임져 주길 기대한다. 하지만 자녀도 자신의 가정을 꾸리고 아이를 양육하고 본인들의 노후를 준비해야 하는 상황에서 부모까지 부양해야 한다면 크나큰 경제적 부담일 수 있다.

가족 연금이라는 대안

부모와 자녀 간의 경제적 독립을 유지하면서도 서로에게 도움을 줄 수 있는 새로운 방법이 필요하다. 이때 고려해 볼 만한 대안이 바로 '가족 연금'이다. 주택연금에 가입하는 대신 자녀에게 주택을 물려주고 자녀에게서 일정하게 생활비를 받는 것이다. 이를 통해 부모는 자녀로부터 당당하게 안정적인 생활비를 받을 수 있으며, 자녀는 부모의 주택을 상속받을 수 있는 권리를 확보할 수 있다. 이는 부모와 자녀 모두에게 이익이 되는 방식이다.

가족 연금의 장점은 다음과 같다. 첫째, 부모는 자신의 집에서 계속 거주할 수 있으며 노후에도 경제적 안정성을 유지할 수 있다.

둘째, 자녀들은 부모가 사후에 재산을 상속받을 수 있기 때문에 경제적 부담을 덜 수 있다.

셋째, 가족 간의 신뢰와 협력을 바탕으로 한 재정 관리가 가능해진다. 주택연금과 달리, 가족 연금은 가족 간의 대화를 통해 금액과 지급 방식을 유연하게 조정할 수 있다. 이를 통해 자녀들이 부모를 직접 부양하지 않더라도 경제적 지원을 통해 부모에게 효도할 길이 열리게 된다.

마지막으로 가족 연금의 가장 큰 장점은 부모가 자녀들에게 당당하게 생활비를 받을 수 있다는 점이다. 부모가 자녀로부터 생활비를 받는 것이 단순히 경제적 의존이 아닌, 자녀들의 효도이자 부모에게 주는 정당한 대가로 인식될 수 있다.

또한 자녀도 부모를 부양하면서 자연스럽게 상속을 받을 수 있는 권리를 가지게 되어 부모와 자녀 간의 경제적 관계가 더욱 투명하고 공정해진다. 가족 연금이라는 개념은 가족 간의 신뢰를 강화하고 갈등을 예방하는 데 큰 도움이 될 수 있다.

가족 연금을 위한 준비

가족 연금을 실천하기 위해서는 몇 가지 전제조건이 필요하다. 먼저 부모와 자녀 간의 솔직한 대화가 필수적이다. 부모는 자녀에게 공평하고 공정하게 대우해야 하며, 자녀는 부모의 노후를 진심으로 걱정하며 생활비를 지원해야 한다.

이를 위해 가족 간의 명확한 약속과 계약이 필요하다. 계약서에 부모와 자녀가 합의한 내용, 즉 부모가 생활비를 받는 조건과 자녀가 상속받는 조건을 명시하면 모든 가족 구성원이 동의하고 신뢰할 수 있는 기반이 마련된다.

또한 자녀가 두 명 이상인 경우 공평하게 부모에게 생활비를 주는 것이 중요하다. 자녀 간의 형평성을 유지함으로써 상속 문제로 인한 갈등을 예방할 수 있다. 부모는 자녀들이 공평하게 부모를 부양하도록 조정해야 하며 이러한 내용을 명확하게 문서화하는 것이 바람직하다.

부모와 자녀 간의 건강한 경제적 관계를 유지하기 위해서는 경제적 독립을 기반으로 한 상호 신뢰와 공정한 관계가 필수적이다. 가족 연금은 이를 실현할 수 있는 유효한 방법이다.

가족 간의 솔직한 대화와 명확한 계약을 통해 부모는 자녀에게 의존하지 않고 자립적인 노후를 보낼 수 있으며, 자녀들은 부모를 부양하면서도 자신의 경제적 안정성을 확보할 수 있다. 이러한 과정에서 가족 간의 유대는 더욱 강화되고, 모두가 행복한 가정을 꿈꿀 수 있다.

돈은 있는데
상속세가 걱정이다

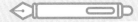

열심히 일하고 절약하며 재산을 모으는 이유가 무엇인가? 대부분 은퇴 후 안정된 생활을 위해, 자녀에게 물려주기 위해 자산을 형성해 왔을 것이다. 인생 후반기가 되어 상속할 날이 다가오면 걱정이 앞서기 마련이다. 상속 문제는 단순히 자산을 나누는 문제가 아니라 가족 간의 관계와 감정이 얽혀 있기 때문에 더욱 신중하게 접근해야 한다.

한국의 상속법은 법정 상속분에 따라 자산이 분배되는 구조이다. 부모가 자녀에게 물려줄 재산이 많더라도, 그 재산을 어떻게 나눌 것인지에 대한 명확한 계획이 없다면 상속 과정에서 가족 간의 갈등이 발생할 수 있다.

예를 들어 부모가 특정 자녀에게만 재산을 몰아주려 한다면 다른 자녀들은 불공평하다고 느끼고 반발할 수 있다. 자칫 가족 간의 불화를 불러일으킬 수 있으며 심지어 법정 다툼으로 이어질 위험도 크다. 실제로 주변에서 상속 문제로 몇 년간 법정에서 싸우다 결국 가족 간의 모든 관계가 끊어졌다는 말을 심심치 않게 들을 수 있다. 부모가 남긴 재산이 오히려 가족 간의 유대감을 깨뜨리는 셈이다.

상속세 및 증여세 고민

이러한 갈등을 예방하기 위해 재산이 있는 부모는 상속을 사전에 계획하는 추세이다. 그러나 그 과정에서 또 다른 고민이 발생한다. 바로 상속·증여세 문제다.

한국에서는 상속받는 재산의 총액이 10억 원을 초과하면 초과분에 대해 40%세율로 상속세가 부과된다(도표참조). 이는 부모가 자녀에게 물려주고자 하는 재산이 많을수록 상속세 부담이 커진다는 것을 의미한다. 개중에는 상속세를 피하기 위해 사전 증여를 고려하기도 한다. 하지만 사전 증여 역시 증여세가 부과되기 때문에 신중하게 접근하지 않으면 또 다른 재정적 부담으로 다가올 수

상속세 및 증여세 과세표준 개정안(2025.1.1. 이후 적용)

[개정 전]

과세표준	세율	누진 공제액
1억 원 이하	10%	–
5억 원 이하	20%	1,000만 원
10억 원 이하	30%	6,000만 원
30억 원 이하	40%	1억 6,000만 원
30억 원 초과	50%	4억 6,000만 원

▼

[개정안]

과세표준	세율	누진 공제액
2억 원 이하	10%	–
5억 원 이하	20%	2,000만 원
10억 원 이하	30%	7,000만 원
10억 원 초과	40%	1억 7,000만 원

있다.

또한 한국의 상속법은 자녀 간의 상속 분배를 법적으로 규정하고 있기 때문에 부모의 의도와는 다르게 재산이 분배될 수 있다. 부모가 특정 자녀에게 더 많은 재산을 물려주고자 하더라도 상속법에 의해 그 의지가 제한될 수 있다. 가령 부모가 자녀 셋 중 부모를 가장 오랜 기간 부양한 첫째에게 더 많은 재산을 물려주고자 하지만, 부모 사후 상속법에 따라 자산이 균등하게 분배되면 이 또한 자녀들 간에 불화의 소지로 작용할 수 있다.

자녀와 함께 돈 공부

상속 문제는 경제적 교육, 즉 돈 공부를 통해 충분히 예방할 수 있다. 돈 공부는 단순히 돈을 모으고 불리는 방법을 배우는 것에 그치지 않는다. 돈을 관리하고 자산을 효율적으로 분배하며, 가족 간의 재정적 문제를 슬기롭게 해결하는 방법을 배우는 것이다. 부모가 생전에 자녀에게 돈 공부를 시키고 상속 계획에 대해 충분히 논의한다면 상속 문제로 인한 갈등을 줄일 수 있다.

예를 들어 어떤 가정에서 부모가 자녀들에게 어릴 때부터 철저히 경제 교육을 시키며 돈의 가치를 가르쳤다. 이 가족은 자녀들이 성인이 되기 전부터 상속 계획을 함께 논의했으며, 자녀들이 모두 부모의 생전에 재산 분배에 대해 동의했다. 그 결과 부모가 세상을 떠난 후에도 자녀들 간의 갈등 없이 상속이 이루어졌고, 오히려 상속받은 재산을 함께 관리하며 가족 간의 유대감이 더욱 강해졌다. 돈 공부와 상속 계획이 가족의 행복을 지키는 중요한 요소임을 보여 주는 사례이다.

돈 공부는 가족의 행복과 평화를 위한 필수적인 과정이다. 부모가 자녀에게 올바른 경제 교육을 제공하고 자산을 공평하게 분배하는 계획을 세운다면 상속 문제로 인한 갈등 없이 가족 모두가 행복한 노후를 보낼 수 있을 것이다. 이러한 준비야말로 가족의 행복을 지키는 길이다.

돈 공부를
해야하는 이유

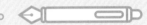

돈을 모으는 것만큼이나 그 돈을 잘 관리하여 자녀에게 제대로 물려주는 것도 중요하다. 이때 많은 사람이 전문가나 금융 기관을 무작정 신뢰하거나 부모나 주변 사람들의 조언에 의존한다. 물론 전문가의 조언이나 부모의 경험은 귀중한 정보가 될 수 있다. 하지만 아무리 믿을 만한 조언이라 해도 그것이 나의 재정 상황과 맞지 않거나 시대의 흐름에 뒤떨어진 정보라면 오히려 위험할 수 있다. 그래서 아무도 믿지 말고, 스스로 돈 공부를 해야 한다.

돈 공부는 자본주의 사회에서 필수적인 생존 도구이다. 학교에서는 국어, 수학, 영어 등을 가르치지만, 정작 돈을 어떻게 벌고 어떻게 불리고 어떻게 관리해야 하는지는 제대로 가르쳐 주지 않는다. 그 결과, 대다수의 사람이 사회에 나가서야 비로소 돈의 중요성을 깨닫고, 뒤늦게 돈 공부를 시작한다.

자녀의 돈 공부, 언제 시작해야 할까

돈 공부는 빠르면 빠를수록 좋다. 그러나 돈 공부의 필요성을 깨달았을 때는 이미 경제적 어려움에 직면했거나 잘못된 재정 관리로 인해 돈이 새고 있을 수도 있다. 뼈아픈 깨달음이 아닌가. 돈 공부를 늦게 시작할수록 놓치는 기회가 많아질 수밖에 없다.

돈 공부를 제대로 하지 않으면 소중한 돈을 지키지 못할 수 있다. 잘못된 투자 결정, 부적절한 자산 관리, 과도한 소비로 평생 모은 재산을 순식간에 잃을 수도 있다. 게다가 현대 사회에서는 금융 사기나 잘못된 정보에 의해 큰 손실을 볼 위험도 존재한다. 실제로 한 지인은 잘못된 정보를 믿고 부동산 투자를 했다가 전 재산을 잃을 뻔했다.

모두 다 돈에 대한 기본적인 지식이 부족했기 때문에 발생한 문제이다. 스스로 돈 공부를 하지 않으면 남들이 하는 번지르르한 말에 쉽게 휘둘리게 된다. 그러다가는 끝내 경제적 독립을 이루지 못한 채 누군가에게 의존하게 될 것이다.

다시 한번 강조하지만, 돈 공부는 단순히 돈을 버는 방법을 배우는 것이 아니다. 돈을 어떻게 관리하고 불리는지, 경제적 위험을 어떻게 예방하는지를 배우는 과정이다. 돈 공부를 통해 자산을 다음 세대에 어떻게 물려줄 것인지, 상속 문제를 어떻게 해결할 것인지에 대한 전략을 세울 수 있다. 개인의 자산 형성을 넘어서 가족의 경제적 안정과 행복을 위해 매우 중요하다.

오랜 궁리 끝에 찾아낸 해법

우리 부부도 그 중요성을 깨닫고 돈 공부를 했다. 부모의 책임을 다하면서도 자녀들에게 공평하게 부와 기회를 분배할 방법을 찾기 위해 오랜 시간 궁리했다.

그 결과로 '행복 계약서'를 만들어냈다. 행복 계약서는 우리 가족의 경제적 안정과 자녀들의 독립을 돕기 위해 고안해낸 것이다. 단순히 자산을 분배하는 약속에 그치지 않고, 자녀들에게 올바른 경제관념을 심어 주고 자립할 수 있는 능력을 기르도록 돕는 도구이기도 하다.

돈 공부로 우리 가족은 함께 경제적으로 성장할 수 있는 방법을 찾았고, 이를 행복 계약서로 구체화해서 실천하고 있다. 돈 공부가 없었다면 우리는 막연한 두려움 속에서 자산을 관리하며 자녀들의 미래를 불안하게만 바라보았을 것이다. 그러나 돈 공부를 통해 우리는 자산을 잘 관리하고 자녀들이 올바른 길을 갈 수 있도록 도울 수 있는 지침을 마련했다.

다음 장에서는 행복 계약서의 구체적인 내용과 우리 가족이 어떻게 이를 실천하고 있는지 자세히 설명하고자 한다. 행복 계약서는 가계를 관리하고, 자녀들에게 올바른 경제 교육을 제공하는 데 유용한 도구가 될 것이다. 이제 더는 막연한 불안과 두려움 속에서 경제 문제를 다루지 말자. 스스로 돈 공부를 하고, 가족이 함께 성장할 수 있는 방법을 찾아가는 것이야말로 진정한 재정적 자유와 행복을 얻는 길이다.

2장

가족의 행복을 위해
아이와 계약서를 썼다

자녀도 부모도 웃는

행복 계약서

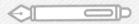

모든 부모는 사랑하는 자녀를 위해 가능한 한 모든 것을 해 주고 싶어 한다. 특히 한국 부모는 대체로 교육열이 높아 자녀 교육비에 대한 지원을 당연하다고 여긴다. 부모들은 자녀가 좋은 교육을 받아 성공적인 삶을 살기를 바라며 경제적 지원을 아끼지 않는다.

부모의 경제적 지원이 모든 자녀에게 공평하게 이루어질 수 있을까? 가족의 경제 상황에 따라 자녀를 여유 있게 지원할 수 있는 시기가 있다가도, 형편이 어려워져 지원이 어려워지는 시기를 맞기도 한다. 어떤 자녀는 지원을 받고 어떤 자녀는 그러지 못하는 상황이 발생해 버리고 마는 것이다. 이러한 상황은 가족 내 갈등의 씨앗이 될 수도 있다.

또한 자녀가 여러 명일 때 개인 역량과 진로에 따라 교육비 지원에도 차이가 생긴다. 예를 들어 한 자녀는 사립대 의대에 진학하고, 다른 자녀는 국립대학에 입학했다고 해 보자. 부모는 자녀를 똑같이 사랑하지만, 사립대 의대와 국립대학의 재학 기간과 등록금 차이로 인해 자녀에게 투입되는 비용은 크게 달라질 수밖에 없다. 이때 자녀들은 자신이 차별받았다고 느끼거나 부모의 지원이 불공평하다고 생각할 수도 있다. 자칫 가족 간의 갈등으로 이어질 수 있다.

특히 부모의 경제적 지원의 차이에 대한 불만은 오랜 시간 동안 누적되어 가족의 화목을 해칠 위험이 있다. 이런 문제를 해결하기 위해 우리 부부는 가족 경제의 균형을 맞추고, 자녀들 간의 불평등을 최소화하기 위해 '행복 계약서'를 만들기로 했다. 이 계약서는 자녀들에게 공평하고 공정한 경제적 지원을 약속하는 동시에, 자녀들이 일찍부터 돈의 가치를 배우고 재테크에 관심을 가지도록 유도하는 역할을 한다.

조건부 지원이 냉정하다?

'행복 계약서'는 단순히 자산을 분배하는 도구를 넘어, 가족 구

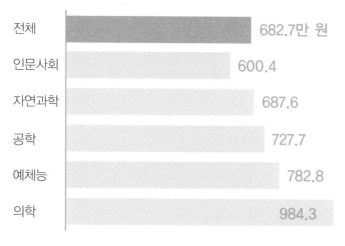

4년제 대학 계열별 평균 연간 등록금(2024년 193개교 기준)

전체	682.7만 원
인문사회	600.4
자연과학	687.6
공학	727.7
예체능	782.8
의학	984.3

출처: 교육부, 한국대학교육협의회

성원 전체의 재정 관리와 자녀 모두에게 공정하고 효과적인 증여를 실현하는 중요한 지침이다. 학자금 지원부터 자녀들의 독립 및 결혼 자금 그리고 훗날 주택 구입 자금에 대한 사전 증여 계획까지 포함한 가족 경제의 청사진이다.

구체적으로 말하면, 자녀들의 고등학교까지의 교육비는 무상으로 지원하고, 대학부터는 자녀가 독립할 수 있는 자력이 충분히 마련되지 않았기 때문에 학기당 500만 원씩 최대 6년까지 대출 형식으로 지원한다. 이후 자녀가 직장에 취직하면 일정 금액을 상환하도록 이 계약서에 규정하고 있다.

이후 자녀들이 결혼하거나 독립할 때는 최대 5,000만 원 한도 내에서 자녀가 모은 금액만큼 추가 대출을 해 준다. 예를 들어 자녀가 5,000만 원을 모았다면 부모의 지원 5,000만 원을 더해 총 1억원으로 결혼이나 독립을 준비할 수 있게 된다.

훗날 우리 부부가 75세가 될 무렵, 자녀들이 대출금을 성실히 상환하고 가족 구성원으로서의 역할을 다했다면 부모의 노후 자금을 제외한 나머지 재산을 공정하게 사전 증여할 계획이다. 행복 계약서는 해마다 연말 가족회의를 통해 수정하고 보완하여 가족 모두의 의견을 반영하며 발전해 나가고 있다.

행복 계약서는 자녀가 경제적 독립을 준비할 수 있도록 돕는 중요한 도구다. 이 계약서는 부모와 자녀 간의 재정적 관계를 명확하게 정의함으로써, 불필요한 오해나 갈등을 예방하고 가족 간의 신뢰를 강화한다. 자녀가 스스로 재정적 책임을 지도록 해서 성인이 되어서도 올바른 경제관을 형성할 수 있도록 돕는다. 이러한 점에서 행복 계약서는 단순히 부모의 자산을 자녀에게 물려주는 것이 아니라 자녀가 스스로 경제적 미래를 계획하고 실현해 나가는 데 있어 중요한 역할을 한다고 볼 수 있다.

아마 대부분의 사람은 우리 가족의 행복 계약서가 다소 낯설게 느껴질 것이다. 일부는 우리 부부를 냉정한 부모라고 생각하거나 자녀에게 너무 엄격하다고 여길지도 모른다. 그러나 이 계약서는 말 그대로 가족의 행복을 위해 깊이 고민하고 연구한 결과물이며, 자녀 모두를 차별 없이 잘 키우기 위한 '효자 만들기 프로젝트'라고 자신 있게 말할 수 있다.

우리는 자녀들이 부모의 그늘에서 벗어나 스스로 독립된 경제적 주체로 성장하기를 바란다. 그런 의미에서 행복 계약서는 우리 가족이 함께 성장할 수 있는 중요한 발판이다.

진정한 효도란
무엇일까

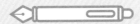

드라마를 보면 유산 상속 문제로 가족이 갈등을 겪는 장면이 자주 등장한다. 이러한 갈등은 재벌가에서만 벌어지는 일이 아니다. 우리 주변에서도 부모와 자식 간, 형제자매 간에 돈 문제로 의가 상하고 심지어는 남보다도 못한 원수지간이 되는 경우를 흔히 볼 수 있다.

가정마다 문제가 없을 수는 없지만, 자녀가 어렸을 때부터 돈 공부를 하면 적어도 돈 때문에 가족관계가 틀어지는 상황은 피할 수 있다. 우선 부모가 올바른 경제관을 갖추고 돈에 대한 명확한 계획을 세워야 한다. 여기서 말하는 '돈에 대한 계획'이란, 부모가 자녀들에게 모든 것을 지원할 것이라는 막연한 기대감을 심어 주지 않는 것이다.

부모든 자녀든 서로의 기대를 매번 충족시킬 수 없다. 그 기대가 충족되지 않을 때 자칫 실망과 원망이 커져 가족관계가 무너질 수 있다. 자녀가 '학비를 지원해 주시겠지.', '결혼 자금을 도와주시겠지.' 등의 기대를 품고 있을 때 특히 위험하다. 부모가 경제적으로 여유가 있다면 지원해 줄 수도 있겠지만, 자녀가 필요로 할 때마다 무조건 지원해 주는 것이 과연 정답일까?

무조건적인 지원 VS 올바른 경제관 확립

우리 부부는 이러한 문제를 깊이 고민한 끝에 자녀의 자립심을 키우도록 돕는 것이 진정한 부모의 역할이라고 결론지었다. 한번은 친한 후배의 집을 방문한 적이 있다. 한강 경치가 보이는 멋진 집이었는데, 후배는 그 집을 살 때 부모님의 경제적 지원을 조금 받았다고 했다. 하지만 그 이전에는 부모님이 잔인하다고 느껴질 정도로 경제적 도움을 주지 않으셨다고 한다. 후배가 사업에 실패해 채무 불이행 상태까지 갔을 때도 부모님은 단돈 100만 원도 지원해 주지 않으셨다고. 당시 후배는 부모님의 냉정함이 이해되지 않았지만, 돌이켜 보면 그것이 자신에게 큰 도움이 되었다고 고백

했다.

침몰하는 배에 물을 퍼내는 것처럼 부모님의 도움은 순간적으로는 위안이 될 수 있었겠지만, 장기적으로는 후배를 더 깊은 나락으로 몰아넣을 수도 있었을 것이다. 부모님이 정에 휘둘리지 않고 무분별하게 도와주지 않으신 덕분에 후배는 스스로 정신을 차리고 열심히 살아 부모님께 신뢰를 얻었고, 이제는 부모님의 경제생활에 보탬이 되고 있다. 후배의 일을 통해 우리 부부는 자식이 올바른 길로 나아가도록 하는 데 부모의 역할이 얼마나 중요한지 다시 한번 깨닫게 되었다.

과거에는 자식을 위해 헌신하는 부모가 좋은 부모로 여겨졌다. 부모는 자녀의 미래를 위해 모든 것을 바치고, 자녀가 성공하면 그 성공에 기대어 노후를 보내려는 경우가 많았다. 그러나 이러한 사고방식은 요즘 세대 자녀에게 큰 부담이 될 수 있다. 자녀가 부모의 기대를 충족시키지 못하면 그 부담이 커져 부양의 의무를 포기하게 되고 결과적으로 불효자가 될 위험이 있다. 부모는 자녀를 위해 헌신했지만, 자녀가 부모를 돌보지 않는 상황에 직면하게 된다면 부모는 깊은 상처를 입게 될 것이다.

이러한 상황을 예방하기 위해서라도 부모는 자녀가 올바른 경제관념을 가질 수 있도록 엄격하게 가르치고 필요할 때 계획적으로 지원해야 한다. "좋은 부모 밑에서 좋은 자녀가 자란다."라는 말

처럼 자식을 효자로 키우기 위해서는 부모가 먼저 자녀가 효도를
실천할 수 있는 환경을 만들어 줘야 한다는 말이다.

효자 만들기 프로젝트

　우리 부부는 이러한 교육관을 바탕으로 행복 계약서를 만들었
다. 자녀들이 부모로부터 빌린 돈을 성실히 상환하고 가족 구성원
으로서의 역할을 다했을 때만 학자금, 독립 및 결혼 자금을 지원하
기로 약속했다. 이를 통해 자녀들은 자연스럽게 재테크를 공부하
고 경제적 자립을 준비할 수 있으며, 가족 내에서의 역할을 습득하
면서 효를 실천하게 된다. 또한 우리 부부는 자녀에게 투입되는 비
용을 예측해 계획적으로 재테크를 하며 가정의 경제 안정을 도모
하고 자녀에게 부담을 주지 않고 노후를 준비할 수 있다.
　가족 간의 정에 의존하다가 기대감이 충족되지 않아 상처받고
관계가 틀어지는 것보다 이처럼 행복 계약서를 통해 명확하게 규
정함으로써 오해의 소지를 없애고 부모와 자식 간에 더 깊은 신뢰
를 쌓을 수 있다. 이것이 우리 부부가 행복 계약서를 '효자 만들기
프로젝트'라고 자신하는 이유이다.
　진정한 효도는 자녀들에게 경제적 독립을 가르치고, 스스로 제

삶을 책임질 수 있도록 돕는 것에서 시작된다. 부모의 지나친 지원이나 기대는 오히려 자녀의 성장을 방해하고 가족 간의 불화를 초래할 수 있다. 부모는 자녀에게 무엇을 물려줄 것인지, 어떻게 물려줄 것인지에 대해 신중히 고민하고 올바른 경제 교육과 계획을 통해 자녀들이 진정한 효자가 될 수 있도록 이끌어야 한다. 그것이 바로 부모로서의 진정한 역할이자 진정한 효도를 위한 첫걸음이다.

돈 공부 실전편,
행복 계약서

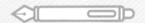

마이크로소프트 창업자 빌 게이츠, 영화감독 스티븐 스필버그, 천재 과학자 알베르트 아인슈타인, 세계 최고 부자 가문인 로스차일드 가문, 미국의 대표 석유 재벌인 존 록펠러의 공통점은 무엇일까? 바로 이들 모두가 유대인이라는 점이다.

유대인은 전 세계 인구의 약 0.3%에 불과한 작은 민족이지만, 역대 노벨상 수상자의 20% 이상을 차지하며, 세계 금융의 중심지인 미국 월가에서 막대한 자본을 움직이는 엘리트 민족으로 알려져 있다. 유대인이 전 세계 경제를 이끌 수 있는 이유 중 하나로 많은 교육 전문가가 철저한 조기 경제 교육을 꼽는다.

한번은 작은 딸이 돈과 관련된 책 여러 권을 읽고 나서 "엄마, 돈 공부가 진짜 중요하고 너무 재미있는데 왜 이렇게 중요한 걸 아무도 나한테 가르쳐 주지 않았어? 그리고 학교 공부에서는 왜 이런 걸 안 가르쳐 주는 거지?"라고 물어 왔다. 딸의 질문을 들으니 여러 가지 생각이 들었다. 단순히 한 가정의 교육에 대한 의문이 아니라 대한민국 교육 시스템에 대한 의문을 포괄한 질문이었기 때문이다.

아직도 대한민국 사회에서는 돈 이야기를 터부시하는 경향이 있다. 하지만 우리가 살고 있는 자본주의 사회에서 국어, 영어, 수학보다 더 중요한 것은 바로 돈 공부, 즉 실생활에 필요한 재산 관리와 재테크에 대한 교육이다.

그런데 학교에서는 이러한 실용적인 경제 교육을 거의 가르치지 않는다. 그 결과, 고등학교를 졸업하고 성인이 되어 사회에 나왔을 때 자본주의 사회에서 살아갈 준비가 되어 있지 않는 경우가 많다. 이는 곧 대학을 졸업하고 사회생활을 시작하고 나서도 경제적 자립을 이루기 어려운 상황으로 이어지게 된다.

자녀가 중고등학생일 때가 적기

그렇다면 자녀에게 돈에 대해 어떤 것부터 가르쳐야 할까? 가장 중요한 것은 규모 있는 돈을 계획적으로 쓸 수 있는 능력을 키워 주는 것이다. 유대인은 돈을 버는 것도 중요하지만, 돈을 쓰는 방법을 아는 것을 더 중요하게 여긴다. 훗날 자녀들이 부를 잘 관리하고 유지할 수 있도록 어릴 때부터 돈을 쓰는 방법을 철저히 훈련시킨다.

고등학교를 졸업하면 자녀는 성인이 된다. 성인이 되었다는 것은 독립적인 개인으로서 자신이 필요한 모든 결정을 스스로 내려야 한다는 의미. 부모가 경제적 지원을 계속할 필요가 없다.

그러나 현실적으로 자녀가 성인이 되자마자 경제적 자립을 이루는 경우는 드물다. 대학생이 되어서도 경제적 자립이 어려워 부모에게 용돈을 타는 경우가 많다. 대학생 및 대학원생은 평균적으로 생활비의 67.3%를 지원받는다는 조사 결과도 있었다(도표 참조). 이때 자녀들은 점점 더 많은 용돈을 기대하게 되고 부모는 자녀가 요구하는 돈이 정말 필요한지, 아니면 낭비되고 있는지에 대한 의문을 품게 된다. 이렇게 돈과 관련된 신경전은 부모와 자녀 간의 신뢰를 무너뜨리고 갈등의 씨앗이 될 수 있다.

이와 같은 감정적 소모를 줄이기 위해서는 자녀가 스스로 돈을 관리할 수 있는 능력을 키우는 것이 필수적이다. 자녀가 가진 돈을 계획적으로 쓰고 투자를 통해 자산을 불리는 법을 배우도록 해야 한다.

이를 위해서는 자녀 스스로 일정 기간 동안 규모 있는 돈을 관리

청년 한 달 생활비 평균

특성별	구분	한 달 생활비 평균(원)	부모님, 친지 지원 비율(%)
성별	남자	824,106	29.3
	여자	794,727	27.2
연령별	만 18~19세	493,098	79.2
	만 20~24세	690,092	45.3
	만 25~29세	854,361	17.8
	만 30~34세	988,710	5.7
지역별	서울	858,379	26.4
	인천·경기	844,438	25.2
	대전·충청·세종·강원	761,808	27.4
	광주·전라·제주	642,523	34.2
	부산·울산·경남	822,360	29.3
	대구·경북	817,027	37.3
학력별	대학생·대학원생	615,703	67.3
	고졸 이하	853,464	22.2
	대졸 이상	878,752	13.0
주거 형태별	동거	708,256	38.2
	비동거·독립	990,665	10.8

출처: 2020년 청년 사회 경제 실태 조사

하고 사용하는 경험을 쌓게 하는 것이 중요하다. 단순히 용돈을 아껴 쓰는 차원을 넘어, 사회에 나가기 전에 실제로 돈을 관리하는 법을 체득할 기회를 제공해야 한다. 사회에 나가자마자 돈 관리를 잘하는 사람은 드물다. 따라서 실생활에서 돈을 관리하고 사용하는 법을 배우는 시간이 꼭 필요하다.

무상 지원은 고등학교 졸업까지만

그래서 우리 부부는 자녀들이 미래를 준비할 수 있도록 자녀들이 중고등학생이었을 때부터 '고등학교까지만 무상으로 지원'한다고 선언했다. 대학생이 되면 성인이니, 성인으로서 모든 것을 스스로 결정하고 등록금, 생활비 등 필요한 경비를 자립적으로 해결하라고 했다.

다만 사회 초년생으로서 신용이 부족해 대출을 받기 어려운 경우에는 한 학기에 500만 원을 대출해 줄 것이며, 취직 후 월급의 10% 이상을 일정 금액으로 정해 상환하도록 가이드라인을 제시했다. 이 가이드라인을 통해 자녀들은 성인이 되었을 때 자신의 경제 상황을 명확히 인지할 수 있고, 이를 바탕으로 대학 진학, 구직 등 미래에 대해 깊이 고민하고 현명한 선택을 할 계기를 마련해 주었다.

다시 한번 말하지만, 돈 공부는 단순히 돈을 버는 법을 배우는 것이 아니라, 돈을 어떻게 관리하고 올바르게 사용하는지를 배우는 과정이다. 자녀들이 일찍부터 이러한 경제 교육을 받고 실제 돈을 관리하는 경험을 쌓아야만 성인이 되어도 건강한 경제관을 유지하며 자립할 수 있다.

우리 부부는 자녀들이 이러한 능력을 갖출 수 있도록 돕기 위해 행복 계약서를 도입했고, 이를 통해 자녀들이 경제적으로 독립할

수 있는 준비를 하도록 하고 있다. 이는 우리 가족 모두의 경제적
안정을 위한 중요한 시작점이 되었다.

행복 계약서는
사전 증여를 전제로 한다

"눈에 넣어도 아프지 않다."라는 말처럼 대부분의 부모는 자녀에게 모든 것을 주고자 한다. 자녀가 필요로 하는 것을 아낌없이 지원하면서 부모로서의 사랑을 표현하는 것이다. 그러나 부모 세대 사이에서는 살아생전에 자녀에게 재산을 주는 행위, 즉 '증여'에 대해서는 점차 부정적인 시선이 늘어나고 있다. 부모가 재산을 물려준 후 자녀가 부모를 봉양하지 않는 불효 사례가 주변에서 빈번하게 발생하면서부터 시작된 인식이다.

부양료 청구 소송 사례가 증가하고, 불효나 패륜과 관련된 사건들이 뉴스에 오르내리면서 많은 부모가 '나이 들어서 돈이 있어야 대접받는다.', '죽을 때까지 절대 재산을 주면 안 된다.'라고 생각하게 되었다. 이는 결국 '내 자녀도 저런 불효를 저지르지는 않을까?' 라는 자녀에 대한 불신으로 이어져, 죽기 전까지는 절대 재산을 증여하지 않겠다는 결심으로 굳어지곤 한다.

우리 부부는 이러한 상황이 생긴 원인을 자녀가 돈에 대해 올바른 교육을 받지 못했기 때문이라고 본다. 자녀에게 경제교육을 시키지 않은 부모는 뒤늦게 자녀가 물려받은 재산을 잘 관리할 수 있을지, 그 재산을 물려받은 후에도 부모를 잘 봉양할지 불안감을 품게 된다.

과연 자녀에게 재산을 사후에 물려주는 것이 더 나은 선택일까? "끝이 좋으면 다 좋다."라는 말처럼 삶의 마무리를 잘 계획하고 대비한다면 인생의 시작이 어땠든 간에 행복한 마무리를 할 수 있을 것이다.

대부분의 부모는 자신이 죽은 후에 유산을 자식들에게 어떻게 나누어 줄지 고민한다. 그러나 사람의 태어나는 시점은 예측할 수 있어도, 죽음의 순간은 예측하기 어렵다. 예상치 못한 순간에 생을 마감하게 된다면 생전의 의도와는 다르게 남겨진 가족들에 의해 유산이 정리될 수밖에 없다. 최악의 경우, 가족들 간에 더 많은 재산을 차지하기 위해 다툼이 벌어져 가족관계가 파탄에 이르기도 한다.

부모가 자녀들에게 재산을 물려준다고 할 때, 생전에 증여하는 것과 사후에 증여하는 것 중 어느 쪽이 더 나을까? 우리 부부는 생전에 재산을 증여했을 때 여러 가지 문제가 발생할 우려가 있음을 알지만, 그럼에도 불구하고 사전 증여를 해야 한다고 생각한다.

첫 번째 이유는 재산 관리의 효율성 때문이다. 오늘날은 100세 장수 시대이다. 부모가 죽음을 앞둔 나이에 자녀는 이미 70대에 접어들 가능성이 크다. 70대는 활발한 경제 활동을 할 시기가 아니기 때문에 유산을 상속받아도 이를 제대로 활용할 기회가 줄어든다.

두 번째 이유는 재산이 가장 필요할 때, 즉 돈이 쓸모 있는 시기에 증여하는 것이 중요하기 때문이다. 우리 인생에서 가장 활발하게 경제 활동을 하고 주택 매매, 자녀 교육비 등 목돈이 필요한 시기는 대체로 40대이다(도표 참조). 이때 자녀에게 재산을 물려줘야 실질적으로 도움이 될 수 있다. 이 시기는 재테크에 관한 관심과 노하우가 어느 정도 축적된 시기이기 때문에 목돈을 주었을 때 그 활용도가 높아지고, 이를 통해 가족 전체의 재산이 불어날 수 있다.

마지막으로 사전 증여는 노후를 정리하는 데에도 중요한 역할을 한다. 기대수명이 늘어나면서 많은 사람이 건강하게 노후를 즐기며 살아가지만, 생애주기를 24시간에 비유하자면 70대는 생체

40대 월평균 소득 및 지출

자녀 교육비
13%(61만 원)

저축·투자
27%(126만 원)

세후
평균 소득
468만 원

그 외 지출
60%(282만 원)

소비지출 73%

※2020년 11월 서울 및 4대 광영시 거주 40대 소득자 1,000명을 대상으로 조사함
출처: 하나은행 100년 행복연구센터

리듬이 점차 하향 곡선을 그리기 시작하는 시기이다. 삶을 차근차
근 정리하는 데에도 에너지가 필요하므로 70대 중반 이후로는 물
질적·정신적·정서적 짐들을 줄이고 '미니멀 라이프'를 실천하는 것
이 더 나은 선택일 수 있다.

부모가 아무런 대책 없이 사전 증여를 하면 앞서 언급한 문제들이 발생할 수 있다. 이를 방지하기 위해서는 노후 자금에 대한 철저한 계획과 적절한 시기에 사전 증여를 하는 것이 필요하다. 그래서 우리 부부는 사전 증여의 문제점을 보완할 수 있는 안전장치로 '효도 계약서', 즉 '사전 조건부 증여 계약서'를 마련했다. 이 계약서는 부모가 죽기 전에 특정 조건을 걸고 증여를 진행하며 만약 자녀가 부모가 제시한 조건을 이행하지 않았을 경우 증여한 재산을 다시 돌려받는 내용을 담고 있다.

실제로 '사전 조건부 증여 계약'은 대법원 판례로도 인정된 바 있다. 계약서를 작성하고 자녀들이 그 조건을 이행하지 않을 경우, 증여한 재산을 다시 돌려받을 수 있다는 법적 근거가 있다. 이러한 부분을 인지하도록 자녀가 어렸을 때부터 교육한다면 자녀가 성인이 되어서도 부모에게 받은 은혜를 잊지 않고 책임감 있게 계약서대로 실천할 것이다. 이를 통해 부모는 자녀에 대한 걱정과 불안에서 벗어나 편안하게 노후를 준비할 수 있다.

사전 증여는 단순히 재산을 물려주는 행위가 아니다. 자녀에게 경제적 책임감을 심어 주고 부모와 자녀 간의 신뢰를 강화하는 중요한 과정이다. 자녀는 올바른 경제관을 갖추고 책임 있는 성인으로 성장할 수 있다. 또한 부모는 자녀에게 재산을 물려준 후에도 가족관계를 유지하며 자녀가 효를 실천할 수 있는 환경을 제공할 수 있다.

효도계약서

증여인 父 ○○○(이하 "갑"이라 한다)과 수증인 子 ○○○(이하 "을"이라 한다)은 부자관계로서 다음과 같이 조건부 증여계약(일명 효도계약)을 체결한다.

제1조(증여재산)
1. 현금: ○○○원(₩ ○○○원)
- 갑은 을의 계좌에 ○○○원을 입금한다. (을의 계좌 번호: ○○은행 ○○○○○○ - ○○○○○○○)
2. 부동산: 서울시 ○○○구 ○○○동 ○○○번지 ○○○아파트 ○○○동 ○○○호
- 갑은 을에게 위 부동산을 증여하고 이전등기를 해준다.
제2조(증여의 조건)
1. 을은 갑이 사망 시까지 갑이 생활할 수 있도록 생활비 ○○○원을 매달 15일에 갑의 계좌에 입금한다.
(갑의 계좌 번호: ○○은행 ○○○○○○ - ○○○○○○○)
2. 을은 갑이 사망 시까지 매달 1회 이상 방문한다.
3. 을은 갑에게 육체적, 정신적, 언어적 폭력을 행사하지 않는다.
제3조(증여계약의 해제)
1. 을이 제2조 증여의 조건1항 생활비를 2달 이상 보내지 않거나, 제2조 2항 방문하는 것을 2달 이상 불이행할 경우 증여계약을 해제한다.
2. 을이 제2조 증여의 조건3항을 위반하여 고소 또는 고발이 된 경우 증여계약을 해제한다.
3. 증여계약이 해제된 경우 을은 증여 받은 "제1조 증여재산"에 해당하는 금액(부동산의 경우, 해제시점의 실 거래가 또는 감정가로 한다)을 즉시 갑에게 반환한다.
4. 반환을 이행하지 않고 지체할 경우, 해제된 해당년도 국세의 납부불성실가산세에 준하여 지체한 기간만큼 지체이자를 산정하여 반환할 증여재산에 합산하여 반환한다.

년   월   일

증여자: ○ ○ ○ (인)
      [주민등록번호]
수증자: ○ ○ ○ (인)
      [주민등록번호]

자녀의
홀로서기를 위해

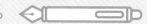

행복한 가정을 이루기 위해서는 궁극적으로는 자녀의 자립심과 독립심을 길러 주는 데 중점을 두어야 한다. 특히 부모는 자녀가 부모에게 의존하지 않고 스스로 자립심을 키워 홀로서기 할 수 있도록 도와야 한다.

여기서 말하는 '홀로서기'는 단순히 경제적인 독립을 의미하는 것이 아니다. 자신의 삶을 스스로 개척하고, 그에 대한 책임을 지는 능력을 기르는 과정을 포함한다.

자녀가 자력으로 자립할 수 있도록

부모는 자녀가 자립할 수 있도록 지지하고 가르쳐야 하며, 동시에 자녀가 독립된 개인으로 성장할 기회를 제공해야 한다. 홀로서기는 상호 존중과 신뢰를 기반으로 한다. 부모는 자녀의 선택과 결정을 존중하고 자녀는 부모의 가르침과 조언을 귀중히 여겨야 한다. 이때 '행복 계약서'가 효과적인 지침이 된다.

행복 계약서는 자녀에게 경제적 독립을 위한 체계적인 훈련을 제공한다. 풍요로움에 따른 권태를 지양하고 적절한 결핍을 통해 자녀에게 동기부여를 해 준다. 부모는 일정한 조건 아래 자녀에게 필요한 경제적 지원을 하며, 이를 통해 자녀가 스스로 자립할 기회를 마련해 준다. 자녀는 이러한 과정에서 돈을 빌리고 이를 상환하거나 재투자하는 경험을 통해 재정적 책임감과 올바른 경제관념을 익힌다.

단, 자녀가 여러 명일 경우 공평하고 정당한 지원이 이루어져야 한다. 예를 들어 자녀의 능력에 따라 지원 규모가 달라지거나 부모의 경제적 상황에 따라 자녀에게 제공되는 지원이 불균형하게 이루어지면 이는 공평하지 않다. 자녀가 안정적으로 미래를 계획할 수 있도록 부모는 일관된 시스템을 만들어 자녀를 꾸준히 지원해야 한다.

부모가 노후에 자녀에게 부담 주지 않도록

행복 계약서를 통해 부모와 자녀는 서로의 기대와 역할을 명확히 할 수 있다. 자녀는 부모로부터 받는 경제적 지원을 염두에 두고 자신의 목표를 설정해 독립적으로 나아갈 수 있다. 부모는 자녀에게 모든 것을 쏟아붓는 대신, 노후 자금을 확보하고 적절히 지원할 수 있다. 이로써 부모가 노후에 자녀들에게 의존하지 않고 자유롭게 본인의 인생을 살 수 있다. 결과적으로는 서로에 대한 신뢰와 존중을 바탕으로 자녀와 부모 모두 진정한 홀로서기가 가능해진다.

그러려면 부모는 자녀를 소유물로 여기지 않고, 독립된 개체로 인정하는 과정이 필요하다. 이는 부모의 노후 계획과 밀접한 관련이 있다. 부모가 자신의 노후를 자녀에게 의존하지 않고 스스로 준비할 때 자녀는 부모에 대한 부담을 덜고 제 삶에 집중할 수 있게 된다.

우리 부부는 행복한 노후를 준비하기 위해 실버타운을 탐방한 적이 있다. 실버타운에서 생활하는 사람들을 보면 자녀에게 의존하지 않고 자신들의 노후를 책임지며 건강하게 살아가는 모습을 볼 수 있었다. 그 결과 자녀는 부모를 걱정할 필요가 없고, 부모는 건강하고 행복한 노후를 보내며 자녀에게 부담을 주지 않는다. 이처럼 부모가 스스로 노후를 준비하고 건강하게 살아가는 홀로서기를 통해 가정에 평화가 찾아오게 된다.

결국 행복한 가정을 만들기 위해서는 부모와 자녀 모두가 홀로서기를 통해 성장해야 한다. 독립된 인격체로서 서로를 존중하는 문화를 형성하는 것이 중요하다. 행복 계약서를 바탕으로 각 가족 구성원이 자신의 삶을 주도적으로 이끌어 가면서도 서로에게 든든한 지지와 사랑을 주고받을 수 있을 것이다.

3장

행복 계약서,
차근차근 한 걸음씩

가정 행복 계약서

제1조 계약의 목적

가정의 행복은 각 구성원의 행복의 기초가 된다. 가정의 행복을 위해서
모든 구성원은 각자의 역할에 최선을 다하고 서로 돕는 공동체 정신을
발휘하여야 한다. 부모는 자녀가 미성년자로서 자력이 없을 때 최선을
다하여 양육하고, 자녀는 부모가 노인이 되어 어려울 때 성심성의껏 도
움을 주어야 한다.

자녀가 고등학교를 졸업하고 성인이 된 경우 자력 양성의 원칙에 따라
자립심을 기르고, 올바른 경제관념을 익혀서 건전한 사회인이 되어야 한
다. 현실적으로 경제적 약자인 자녀가 스스로 공부하고 직장을 얻기에는
어려움이 있다. 이 어려운 시기에 부모는 자녀가 공부를 하고 직장을 얻
으며 결혼하여 새로운 가정을 이루는 데 경제적 지원을 한다. 자녀는 부

모의 노년기에 어려움이 없도록 한다.

자녀에 대한 경제적인 지원은 공평하고 정당하게 하여야 한다. 부모는 가정공동체의 모든 사항에 대하여 자녀의 의견을 충분히 받아들이고, 자녀는 부모의 지도와 교육을 잘 받들고 서로 합의된 가정공동체 원칙을 함께 지켜야 한다.

가족 간에도 막연하게 기대를 품을 경우, 그것이 충족되지 않으면 원망을 하게 된다. 원망이 쌓이면 관계가 서로 멀어지고 가정에 불화가 생긴다. 그러므로 최소한의 경제적인 내용을 명확하게 하여 부모, 자녀 모두 가족 구성원으로서 자기의 책임을 성실하게 수행하도록 하고, 그에 기초하여 행복한 가정을 만들고 유지한다.

제2조 계약 내용

제1항 학자금 빌려주기

자녀가 고등학교를 졸업한 이후 부모는 6개월 단위로 등록금을 포함하여 최대 500만 원까지 빌려준다. 빌려주는 기한은 최대 6년으로 한다.

제2항 결혼 자금 또는 독립 자금 빌려주기

자녀가 결혼하려 할 시점이나 독립하려는 시점에 자녀가 저축해 놓은 금액과 같은 금액을 빌려준다. 최고 금액은 5,000만 원으로 하며 그동안 학자금 빌려준 것을 성실하게 갚아야 한다.

제3항 빌린 돈 갚기

1. 학자금은 자녀가 직장 생활을 시작할 때부터 매달 급여의 10% 이상으로 최소 10만 원 이상 부모가 지정한 계좌에 입금한다.

2. 결혼 자금(독립 자금)은 자녀가 결혼을 한 시점(독립 시점)부터 매달 급여의 10% 이상으로 최소 20만 원 이상 부모가 지정한 계좌에 입금한다.

3. 실직, 질병 등 부득이한 사정이 있는 경우에는 부모와 합의하에 일정 기간 갚는 것을 연기할 수 있다.

4. 대출한 모든 금액을 갚는 시기는 자녀의 나이가 만 45세가 되는 날로 한다.

5. 이자 없이 빌려준다. 다만 정당한 이유 없이 갚지 않는 경우 연이율 3%로 빌려준 모든 돈에 소급 적용하고, 원리금을 한꺼번에 갚아야 한다.

제3조 조건부 증여(유산 사전 증여)

제1항(내용)

년 월 일 부모의 재산을 정산하여 재산 중 일부를 자녀들에게 조건부 사전 증여한다.

제2항(목적)

부모의 사후 유산 분배로 인한 가족 간의 분란을 미리 없애고, 자녀들의 경제적 안정을 미리 돕기 위해 생전에 일부를 사전 증여한다.

제3항(자격)

1. 학자금과 결혼 자금을 성실하게 갚은 자녀.

2. 가족 구성원으로서 각자의 책임과 의무를 다한 자녀.

3. 책임과 의무의 내용

1) 1년에 부모의 생일 2회와 12월 초 1회 총 3회의 가족 모임에 참석한다.

2) 매년 부모가 지정한 추천 도서 중 6권 이상을 읽고 독후감을 제출한다.

3) 그 이외의 사항은 사회 통념상 용인되는 상식적인 수준으로 한다.

제4항(증여의 조건)

1. 증여받은 이후에도 가족 구성원으로서 각자의 책임과 의무를 다한다.

2. 증여액의 0.1 ~ 0.3 %를 매달 부모가 지정한 계좌에 입금한다.

제5항(증여의 취소)

자녀는 제3조 제4항의 조건을 어길 경우, 정부가 정한 국공채 이율에 해당하는 이자를 소급 적용하여 증여된 재산에 합하여 즉시 갚는다.

위 당사자 간 본계약을 증명하기 위하여 계약서를 작성하고, 계약 당사자 간 이의가 없음을 확인한 다음 각자 기명날인하여 보관한다.

년 월 일

부모   문성택 ㉕ 유영란 ㉕

자녀   ㉕

왜
행복 계약서인가

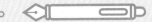

제1조 계약의 목적

가정의 행복은 각 구성원의 행복의 기초가 된다. 가정의 행복을 위해서 모든 구성원은 각자의 역할에 최선을 다하고 서로 돕는 공동체 정신을 발휘하여야 한다. 부모는 자녀가 미성년자로서 자력이 없을 때 최선을 다하여 양육하고, 자녀는 부모가 노인이 되어 어려울 때 성심성의껏 도움을 주어야 한다.

···생략···

우리 부부가 행복 계약서를 만든 이유는 주변 친지나 지인들의 사례를 보면서 많은 공부가 되어서였다. 개인의 모든 문제는 본인이 자라 온 가정 문제에서 비롯된다는 것을 알게 되었다. 부모의 잘못된 가르침이나 형제간 차별 대우 등에서 이견과 미움 원망이 싹트게 된다.

부모가 최소한의 가이드라인을 설정해 두고 그 속에서 공평하고 일관된 가르침을 주고 실제적인 경제적 지원을 하여야 자녀에게 도움이 된다.

우리도 유대인처럼 어려서부터 돈 공부가 필요하다. 자녀 스스로 돈을 벌고 규모 있게 쓰고 투자하는 마인드를 키워 주어야 한다. 신용이 없으면 돈을 빌리기 어렵다는 것도 알려 주어야 한다.

계약서 작성 목적

3장의 처음에 우리 가족의 행복 계약서 전문을 실었다. 이 계약서는 부모와 자녀 간의 경제적 책임과 의무를 명확히 규정하여 갈등을 예방하고, 자녀들이 자립할 수 있도록 돕는 것을 목적으로 하고 있다. 우리 부부는 이 계약서에 '우리 가족 모두의 평생 금융 계획-경제 청사진'이라고 부제를 붙였다. 계약서의 각 조항은 가족 간의 신뢰와 협력을 바탕으로 한 경제적 계획을 잘 반영하고 있다.

3장에서는 행복 계약서를 조항별로 살펴본다. 그 조항으로 정리하게 된 근거를 설명하고 실제로 행복 계약서를 이행해 본 부모로서 경험담과 조언을 서술했다. 우선 계약서의 제1조부터 보자. 여기에는 계약 목적을 요약 서술했다.

계약서의 각 조항은 자녀들이 자신의 미래를 계획하고 재정적 독립을 준비할 수 있도록 돕는다. 또한 부모는 이러한 과정을 통해 자녀들에게 올바른 경제관을 심어 주고, 자녀들이 성인이 되어도 가족의 일원으로서의 책임을 다할 수 있도록 지도할 수 있다.

행복 계약서는 단순히 자녀에게 경제적 지원을 하겠다는 약속이 아니다. 이는 가족 구성원 간의 상호 신뢰와 협력을 바탕으로 한 장기적인 재정 계획이다. 이를 통해 가족 구성원 모두가 각자의 역할을 이해하고 그 역할을 다함으로써 가족의 경제적 안정과 행복을 추구할 수 있다.

용돈이 아닌
대출이라는 개념

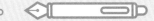

제2조 계약 내용

제1항 학자금 빌려주기

자녀가 고등학교를 졸업한 이후 부모는 6개월 단위로 등록금을 포함하여 최대 500만 원까지 빌려준다. 빌려주는 기한은 최대 6년으로 한다.

공빠 MEMO

6년으로 설정한 이유는?

우리 부부는 자녀가 의대에 진학할 가능성을 고려하여 6년으로 설정했다.

우리 부부는 몇 년 전, 자녀들이 중고등학생일 때 중대한 결정을 내렸다. 바로 무조건적인 무상 지원은 고등학교까지만 하기로 말이다. 대학에 진학하면 성인이 되는 만큼 모든 것을 스스로 결정하고 해결해야 한다는 판단에서였다. 이에 따라 등록금과 생활비를 포함한 모든 경비를 자녀 스스로 해결하는 것이 바람직하다고 보았다. 다만 신용이 없어 금융 기관의 대출을 받기 어려우므로 부모가 신용을 보증해 조건부 대출을 해 주기로 했다. 대출금은 한 학기에 500만 원으로 한정하고 최대 6년까지 빌려줄 수 있도록 했다. 이 금액은 아이들이 대학을 졸업하고 취업한 후 월급의 10% 이상을 정해 상환하도록 했다. 이를 계약서로 정리하여 자녀와 작성하고 날인하여 각각 1부씩 보관하였다.

이러한 결정을 내린 이유와 목적은 분명하다. 단순히 용돈을 주는 것이 아닌, 학자금 대출이라는 형태로 경제적 독립을 지원하고자 한 것이다. 이를 통해 자녀들이 성인이 되기 전에 돈의 가치를 이해하고 책임감 있게 경제적 자립을 준비할 수 있도록 도우려는 의도이다.

부모와 자식 모두 행복해지는 선택

우리 부부가 자녀를 고등학교까지만 지원하기로 한 첫 번째 이유는 자녀의 돈 공부를 위해서다. 자본주의 사회에서 경제, 재테크, 부동산 및 주식 공부 등 다양한 돈 공부는 필수적이다. 그러나 이러한 실용적인 경제 교육은 학교에서 제대로 가르쳐 주지 않기 때문에 가정에서부터 시작되어야 한다. 자녀들에게 일정 금액을 지원하고, 그 금액을 어떻게 사용할지 스스로 훈련하게 하는 것이 필요하다.

일부 부모는 '용돈을 주는 것으로 훈련이 되지 않을까?'라고 생각할 수도 있다. 그러나 단순히 돈을 아껴 쓰는 것과 돈을 계획적으로 사용하는 것은 다르다. 돈을 계획적으로 사용하는 훈련이 필요한 시기는 바로 성인이 되었을 때다. 대학생이 되어도 책을 사야 한다, 옷을 사야 한다, MT에 가야 한다며 필요할 때마다 부모에게 용돈을 요구하는 상황은 부모와 자녀 모두에게 시간적·감정적으로 부담이 될 수 있다. 자녀는 스스로 돈을 관리하고, 그 사용에 책임을 질 수 있어야 한다. 따라서 대학생이 되기 전에 이러한 상황에 대응할 수 있도록 자녀에게 미리 알려 주는 것이 중요하다.

두 번째 이유는 자녀들이 경제적인 부분에 대해 진지하게 생각해 볼 기회를 제공하기 위해서다. 부모로서 자녀들이 자신의 미래와 인생에 대해 깊이 생각하고 어떤 직업을 가질지, 그 직업을 갖기 위해 어떻게 살아야 할지를 고민할 기회를 만들어 주는 것이 중요하다. 부모가 모든 것을 해 주면 자녀들은 스스로 생각할 기회를 잃게 된다. 현실적으로 우리나라에서는 아이들이 꿈이나 미래의 직업에 대해 진지하게 고민할 시간이 충분히 주어지지 않기 때문에 부모가 그런 시간을 만들어 주어야 한다고 생각한다. 약간의 부족함이나 결핍은 스스로 생각하고 방법을 찾는 데 도움이 된다.

사실 공빠 또한 고등학교 졸업 이후 경제적 독립을 하여 부모님의 지원 없이 살아왔다. 어려운 가정 형편 속에서 스스로 미래를 계획하고 직업을 고민해야 했으며, 경제적 부족함 속에서도 해결책을 찾는 능력을 길렀다. 이러한 경험을 통해 우리 부부는 행복 계약서를 만들게 되었다. 행복 계약서에 명시된 대로 고등학교까지만 지원한 이후에는 자녀 스스로가 필요한 자금을 마련하도록 함으로써 자녀들도 자신의 미래를 계획할 기회를 얻도록 하고자 했다.

세 번째 이유는 자녀들에게 공평하고 공정한 지원을 하기 위해서다. 우리 부부는 자녀가 셋이다. 키워 보니 자녀마다 성격도 다르고, 생각하는 것, 생활 습관, 돈 씀씀이도 모두 달랐다. 자녀들이 원하는 대로 지원해 주다 보면 자녀들에게 지원하는 금액이 달라지고, 그에 따라 자녀들이 공평하지 않다고 느낄 수 있다. 이러한 이유로 우리 부부는 고등학교까지만 자녀들을 무조건 지원하고 그 이후에는 자녀들이 스스로 경제적 독립을 할 수 있도록 일정 금액을 정하고 그 기준에 따라 돕기로 결정했다.

마지막 이유는 우리의 노후도 준비해야 하기 때문이다. 자녀 교육에 모든 자원을 투자하다 보면 가정의 경제가 흔들리게 되고 우리의 노후 준비가 소홀해질 수 있다. '에듀푸어'라는 말이 있다. 이는 자녀의 교육비 때문에 부모의 재정이 어려워지는 현상을 의미한다. 많은 부모가 미래의 경제 상황을 고려하지 않고 자녀의 교육비를 무리하게 지원하다가 자신들의 노후 준비를 소홀히 하게 된다. 이는 결국 부모와 자녀 모두에게 큰 부담으로 돌아올 수 있다. 고등학교까지만 지원하고 그 이후에는 자녀들이 스스로 경제적 독립을 할 수 있도록 유도한다면 부모의 재정 상태를 안정적으로 유지하면서 자녀들이 자립할 수 있도록 도울 수 있다.

　100세 시대를 맞이한 상황에서 부모의 노후가 준비되지 않으면 자녀가 부모를 돌봐야 하는 부담을 지게 된다. 자녀가 부모의 노후를 책임져야 한다는 부담 없이 자기 삶에 집중할 수 있도록 부모 스스로 노후에 대한 준비를 계획해야 한다. 그래서 우리 부부는 행복 계약서를 작성하고 이행함으로써 자녀들에게 공평하고 공정한 지원을 약속하며, 동시에 노후도 함께 준비하기로 했다.

학자금 설정 기준

　그렇다면 왜 학기당 500만 원만 지원하는지 궁금해할지도 모르겠다. 우리 부부가 학자금 대출 금액을 한 학기당 최대 500만 원으로 설정한 이유는 이 금액이 대학 등록금과 생활비를 포함한 현실적인 금액이기 때문이다.

　사립대의 평균 등록금은 약 700만 원대이고, 국립대는 약 400만 원대이다. 사립대학의 경우 500만 원을 지원한다고 했을 때 등록금을 간신히 낼 수 있지만 생활비나 용돈을 마련하기 위해서는 아르바이트가 필수적이다. 국립대학의 경우라면 등록금을 제외하고 약간의 여유만 생길 뿐 많은 금액은 아니다.

우리 부부는 현실적인 금액을 자녀에게 미리 알리고 대학 진학을 선택할 때 가계와 자녀 본인의 경제적인 상황도 미리 고민해 보도록 했다. 500만 원이 빡빡하다고 느낄 수도 있겠지만, 현실적인 선택을 하는 데 도움이 되는 금액이라고 할 수 있다.

공마는 사교육 현장에서 23년간 일했고, 공빠도 10년간 대학 생활을 하며 현재의 직업을 선택하였다. 그런데 우리 부부는 대학 교육의 필요성과 행복과의 관계에 대해 의문을 품고 있다. 물론 의대나 간호대처럼 대학 전공 교육이 중요하여 대학을 가는 것이 필수적인 경우도 있지만, 대학을 가지 않아도 되는 직업도 많다. 대학을 잘 나온다고 해서 좋은 직업을 얻고 그것이 본인이 정말 원하는 행복으로 연결될지는 알 수 없다. 따라서 대학을 꼭 가야 하는 선택은 신중히 고려해야 한다는 것이 우리 부부의 생각이다.

그래서 더더욱 자녀가 대학 진학에 대해 스스로 고민해 볼 수 있는 시간을 마련해 주고 싶었다. 사립대학을 가고 싶다면 500만 원으로는 등록금만 간신히 낼 수 있다는 점, 방학이나 주말에 아르바이트를 통해 추가 비용을 마련해야 한다는 점 등을 알렸다. 자녀가 진정으로 원하는 길이라면 대학을 가겠지만, 단순히 성적에 맞춰 대학을 선택하는 것은 바람직하지 않다.

실제로 우리 부부의 세 아이는 고등학생 때부터 현실적으로 진로를 고민했다. 첫째 아이는 한국교원대학교 초등교육과를 졸업

했고, 둘째 아이는 진주교대에 합격해 대출금 지원 없이 혼자서 해보겠다고 결심했다. 셋째 아이는 체육인을 꿈꾸며 체육교육과에 입학했다.

첫째 아이는 입시를 준비할 당시 특별한 꿈이 없어 성적에 맞춰 진학을 고민했다. 우리 부부와 행복 계약서를 작성한 이후로는 경제적으로 더 여유로운 상황에서 삶에 대해 생각할 수 있었고 초등교사가 될 수 있는 국립대로 진학했다. 한국교원대 초등교육과는 1, 2학년 때 식비와 기숙사비가 무료이기 때문에 경제적 부담이 덜하고, 이를 통해 사립대에 진학했을 때보다 더 풍족한 생활을 할 수 있다. 실제로도 첫째 아이는 한 학기에 500만 원으로도 여유로운 학교생활이 가능했다. 첫째 아이는 행복 계약서 덕분에 가성비와 미래를 꾸준히 생각하게 되었고, 아울러 돈을 관리하는 자신감도 얻게 되었다고 한다.

물론 큰돈이 한 번에 주어졌을 때 마음대로 쓰고 싶은 욕구가 생겨 위험한 순간이 있을 수 있다. 그럴 때마다 부모가 본인이 쓸 돈이 없어졌을 때 돈을 벌고 갚아야 할 돈을 생각하라고 조언해 주면 좋다. 자녀가 스스로 경제 상황을 조절할 힘을 기르는 것도 훈련의 일부이다.

제시된 표는 실제로 우리 부부가 자녀들에게 대출해 준 내역이다. 한 학기에 최대 500만 원으로 정했지만, 등록금은 공빠 직장에서 장학금으로 지원이 되었다. 첫째 아이와 상의하고 한 학기 350만 원 생활비를 대출하였다. 이때 정한 350만 원은 둘째 아이와 셋째 아이의 한 학기 생활비의 기준이 되었다. 첫째 아이는 학원 강사 아르바이트로 수입이 생겨서 2020년에는 한 학기 50만 원씩 대출하였고, 3학년과 4학년 시기에는 기숙사비를 내야 해서 한 학기 150만~230만 원을 대출했다. 이렇게 4년 동안 총 1,552만 원을 대출했다. 2023년 초등임용시험에 합격하고 수원에 있는 초등학교에서 교사로 직장 생활을 시작했다. 직장 가까운 곳에 오피스텔을 얻어서 독립한다고 하여 오피스텔 보증금 2,200만 원을 추가로 빌려주었다.

둘째 아이는 경남 진주에 있는 진주교대에 진학하였는데, 원룸을 구해서 자취생활을 해야 해서 1학년 1학기에는 410만 원을 빌려주었다. 나머지 보증금은 버팀목 대출로 충당하였다. 그 이후에는 학원 강사와 과외 교습 아르바이트를 하고, 학교에서 장학금을 받아서 대출금액이 상대적으로 적다. 4학년이 되어서는 임용시험에 집중하느라 대출금이 증가하였다.

셋째 아이는 체육 교사의 꿈을 이루기 위해서 사립대학인 대구가톨릭대학교 체육교육과에 입학했다. 3학년부터는 학교 근처의 공공임대주택인 행복주택에 거주하게 되어서, 보증금을 추가로 대출하였다. 끊임없이 아르바이트를 해서 부족한 생활비는 벌어서 썼는데, 운전이나 요가 등 꼭 하고 싶어 하는 공부를 위한 비용은 상의하고 추가로 대출하였다. 4년간 총대출금은 2,130만 원이었다.

등록금을 제외하고 한 학기 생활비로는 350만 원(최대 500만 원)을 평균으로 잡고 4년 동안 총 2,800만 원 대출금을 예상하였다. 첫째 아이는 1,552만 원, 둘째아이는 1,875만 원, 그리고 셋째아이는 2,130만 원을 대출하였다. 즉 우리 부부가 생활비를 대출해 준다고 하더라도 세 아이는 필요 이상으로 빌리지 않고 가능하면 스스로 해결하려고 노력하는 모습을 보여 주었다.

세 아이와 실제로 행복 계약서를 작성해 지금껏 이행해 보니 아이들이 자신의 미래를 스스로 고민하고 선택하는 데 큰 도움이 되었음을 실감했다. 한 학기에 500만 원을 지원해 준다는 것이 큰돈은 아니지만, 세 아이가 자신의 꿈과 적성을 고려해 학교와 전공을 선택하는 데 큰 영향을 미쳤다. 행복 계약서는 자녀가 일찍부터 경제관념을 가지고 인생을 살아가는 데 필요한 돈에 대해 생각하는 계기로 유효하다고 자신한다.

첫째 아이 대출 내역

대출 시기	대출금 (단위: 원)	대출명목
2019년도 2월	3,500,000	1학년 1학기 생활비
2019년도 8월	3,500,000	1학년 2학기 생활비
2020년도 2월	500,000	2학년 1학기 생활비
2020년도 8월	500,000	2학년 2학기 생활비
2021년도 2월	2,270,000	3학년 1학기 생활비
2021년도 8월	1,600,000	3학년 2학기 생활비
2022년도 2월	2,150,000	4학년 1학기 생활비
2022년도 8월	1,500,000	4학년 2학기 생활비
학자금 대출 합계	15,520,000	
2023년 10월	22,000,000	오피스텔 보증금

둘째 아이 대출 내역

대출 시기	대출금 (단위: 원)	대출명목
2021년도 2월	4,100,000	1학년 1학기 생활비
2021년도 8월	1,950,000	1학년 2학기 생활비
2022년도 2월	1,700,000	2학년 1학기 생활비
2022년도 8월	2,100,000	2학년 2학기 생활비
2023년도 2월	0	3학년 1학기 생활비
2023년도 11월	1,300,000	임용고시 인강 비용
2024년도 2월	4,100,000	4학년 1학기 생활비
2024년도 8월	3,500,000	4학년 2학기 생활비
학자금 대출 합계	18,750,000	

셋째 아이 대출 내역

대출 시기	대출금 (단위: 원)	대출명목
2021년도 2월	4,100,000	1학년 1학기 생활비
2021년도 8월	1,800,000	1학년 2학기 생활비
2022년도 2월	1,600,000	2학년 1학기 생활비
2022년도 7월	800,000	운전면허 학원비
2022년도 8월	1,400,000	2학년 2학기 생활비
2023년도 2월	3,500,000	3학년 1학기 생활비
2023년도 2월	4,200,000	임대아파트 보증금
2023년도 8월	3,500,000	3학년 2학기 생활비
2023년도 11월	800,000	요가지도자과정 수강비
2024년도 1월	300,000	해외연수비
2024년도 2월	3,500,000	4학년 1학기 생활비
2024년도 7월	-4,200,000	보증금 반환
학자금 대출 합계	21,300,000	

모은 돈만큼
빌려준다

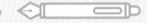

제2조 계약 내용

제2항 결혼 자금 또는 독립 자금 빌려주기

자녀가 결혼하려 할 시점이나 독립하려는 시점에 자녀가 저축해 놓은 금액과 같은 금액을 빌려준다. 최고 금액은 5,000만 원으로 하며 그동안 학자금 빌려준 것을 성실하게 갚아야 한다.

공빠 MEMO

자녀의 최대 독립 자금 또는 결혼 자금은?

독립 또는 결혼하는 시점에 모아둔 금액이 5,000만 원일 경우. 부모의 돈 5,000만 원까지 지원받아 최대 1억으로 결혼 혹은 독립할 수 있다.

학자금 대출을 모두 상환하고 나면 부모의 지원은 끝나는 것일까? 그렇지 않다. 인생을 살다 보면 목돈이 필요해지는 순간이 여러 번 찾아오는데, 그중 하나가 바로 결혼이다. 물론 요즘에는 비혼을 선택하는 젊은이도 많다. 결혼하든 비혼이든 어느 시점에는 부모에게서 독립해야 하는 시기가 찾아온다. 이때는 결혼을 준비하든 집을 구하든 자녀에게 목돈이 필요하다. 우리 부부는 자녀가 목돈이 필요한 시기가 오면 마찬가지로 대출 형식으로 지원해 주기로 했다.

성인이 된 이후 대학을 가기 위해 학자금 대출을 받았던 것처럼 독립하거나 결혼을 준비할 때도 무조건적인 금액 지원은 없다. 자녀가 결혼이나 독립을 준비하면서 필요한 돈을 스스로 마련할 수 있다면 문제없겠지만, 부모의 도움을 받고자 한다면 계약서에 명시된 대로 성실히 의무를 이행해야 한다.

우리 부부는 자녀가 학자금을 상환하면서 저축한 금액에 따라 동일한 금액을 대출해 주는 방식을 행복 계약서에 명시했다. 예를 들어 자녀가 2,000만 원을 저축하면 부모도 2,000만 원을 대출해 주고, 3,000만 원을 저축하면 3,000만 원을 대출해 주는 식이다. 대출 금액은 최대 5,000만 원까지로 정했고 자녀 모두에게 공평한 지원을 약속했다.

성실히 상환할수록

종잣돈을 위한 저축은 학자금을 상환하면서 시작되어야 한다. 학자금을 성실히 상환해야만 독립 및 결혼 자금을 대출받을 수 있다. 예를 들어 자녀가 한 학기당 500만 원씩 4년간 학자금을 대출받아 총 4,000만 원을 빌렸고, 이를 졸업 후 1년에 500만 원씩 상환한다면 상환 완료까지 8년이 걸린다. 이후 자녀가 저축한 금액에 따라 독립 및 결혼 자금을 지원받게 된다.

물론 학자금을 상환하면서 여윳돈을 저축하는 일은 쉽지 않을 것이다. 이 과정에서 자녀들은 근검절약을 실천하고 저축하는 습관을 기르게 된다. 또한 돈을 모으는 것뿐만 아니라 재테크 공부도 병행해야 한다. 요즘은 책 외에도 유튜브, 블로그, 공개 강의 등을 통해 손쉽게 돈 공부를 할 수 있다. 재테크 역량을 키운다면 저축 금액을 늘릴 수 있을 뿐만 아니라, 자본주의 사회에서 돈에 대한 자신감도 가질 수 있다.

자녀가 모은 만큼 대출해 주는 것은 부모로서 적절한 수준의 지원을 제공하는 방법이다. 만약 자녀가 5,000만 원을 저축했다면 부모로부터 5,000만 원을 대출받아 총 1억 원의 종잣돈으로 결혼이나 독립을 준비할 수 있다. 만약 30대 초반에 결혼한다고 가정했을 때 상대 배우자도 비슷한 금액을 저축했을 가능성이 높다. 두 사람이 합쳐서 대략 1억 5천에서 2억 원 정도의 결혼 자금을 마련할 수 있다.

자녀의 재정적 지원 계획

그런데 1억~2억 원의 자금으로 안정적인 결혼 생활을 시작할 수 있을까? 요즘은 결혼 비용만 몇천만 원이 들고 집값은 너무 비싸 내 집 마련이 어려운 현실이다.

만약 우리 부부가 신혼으로 돌아가 결혼 준비를 한다면 결혼식을 생략하고 두 사람이 모은 약 2억 원의 자금을 최대한 절약해 사용할 것이다. 남들 다 한다고 꼭 결혼식을 해야 할 필요는 없다는 데 둘 다 동의하므로 진심으로 축복해 줄 양가 부모님과 가까운 친지들만 모시고 간소하게 식사 자리를 마련할 것이다.

초기 신혼 생활은 가구와 가전이 준비된 작은 오피스텔을 월세로 얻어 시작할 것이다. 그러다가 집을 매수할 타이밍이 오면 최대한 대출을 받아 집을 마련할 것이다. 이러한 전략은 신혼 초기의 재정적 부담을 줄이면서도 미래의 재정적 안정성을 확보할 방법이다.

요즘은 신혼부부를 위한 보금자리론 같은 대출 상품이 있어서, 최대 3억 원까지 대출이 가능하고 최대 30년까지 상환할 수 있다. 가령 자금 1억 3,000만 원이 있다면 3억 원을 대출받아 4억 3,000만 원짜리 집을 살 수 있다. 또 틈틈이 재테크 공부를 하고 조금씩 투자를 실천하며 재산을 불리는 것도 중요하다. 이렇게 합리적으로 자금을 모아 결혼을 준비한다면 1억~2억 원도 결코 적은 금액은 아닐 것이다.

자녀가 결혼을 하든 독립을 하든 행복 계약서를 통해 자녀의 재정적 지원을 계획하기를 권한다. 그래야 안정적으로 가정의 재정 상황을 관리하고, 불시에 발생할 경제적 상황에 대비할 수 있다.

부모라면 당연히 자녀가 잘되기를 바라는 마음에 조건 없이 돈을 주고 싶을 수 있다. 이는 분명 자녀에게 큰 도움이 될 것이다. 하지만 자녀가 돈을 지키고 불릴 수 있는 능력을 키우도록 교육하는 것도 부모로서 중요한 역할이다.

고생해서 돈을 모아봐야 돈의 소중함을 알게 되듯이 종잣돈을 모으는 과정을 통해 절제와 끈기를 배울 수 있다. 이 과정이 처음에는 부담스러울 수 있겠지만, 자녀에게는 큰 보람이 될 것이며 인생의 중요한 교훈을 제공할 것이다.

돈벌이를 하니
이제 갚아야지?

제3항 빌린 돈 갚기

1. 학자금은 자녀가 직장 생활을 시작할 때부터 매달 급여의 10% 이상으로 최소 10만 원 이상 부모가 지정한 계좌에 입금한다.

2. 결혼 자금(독립 자금)은 자녀가 결혼을 한 시점(독립 시점)부터 매달 급여의 10% 이상으로 최소 20만 원 이상 부모가 지정한 계좌에 입금한다.

3. 실직, 질병 등 부득이한 사정이 있는 경우에는 부모와 합의하에 일정기간 갚는 것을 연기할 수 있다.

4. 대출한 모든 금액을 갚는 시기는 자녀의 나이가 만 45세가 되는 날로 한다.

5. 이자 없이 빌려준다. 다만 정당한 이유 없이 갚지 않는 경우 연이율 3%로 빌려 준 모든 돈에 소급 적용하고, 원리금을 한꺼번에 갚아야 한다.

곰빠 MEMO

자녀가 만 45세에 다 갚지 못한다면?

이상적으로는 1억 가까이 자녀들에게 대출을 해 주었고, 책임과 의무를 다해서 급여에서 일정 부분을 성실하게 갚았음에도 불구하고 8,000만 원밖에 갚지 못했다고 가정하자. 그런 경우라도 추후 사전 증여 시에 다른 자녀와 형평성에 맞게 그 부분을 제하고 증여하면 되기 때문에 큰 문제는 없다.

대출 상환은 자녀의 경제적 책임감과 독립심을 기르는 데 아주 효과적이다. 대출을 상환하는 과정은 단순히 빚을 갚는 것이 아니라, 자녀가 경제적 독립을 준비하는 중요한 훈련이 된다. 자녀는 월급의 일정 금액을 대출금 상환에 할애하면서 자신의 재정 상황을 계획적으로 관리하는 법을 배우게 되며, 이를 통해 돈의 가치를 이해하고 절약하는 습관을 기르게 된다. 대출 상환과는 별도로 저축을 실천함으로써 자녀가 스스로 종잣돈을 모으고 목돈을 관리하는 방법도 배우게 된다.

대학 졸업 후 소득이 생기는 달부터

우리 부부는 자녀가 대학을 졸업하고 직장을 얻으면 부모로부터 받은 학자금을 갚도록 하였다. 그 방법은 매달 급여의 10% 이상, 최소 10만 원을 부모가 지정한 계좌에 입금하는 방식으로 이 또한 행복 계약서에 명시했다.

대출을 받은 자녀는 계약서에 따라 상환 의무를 성실히 이행해야 한다. 자녀가 대략 45세가 되었을 때 학자금을 비롯해 독립 및 결혼 자금 등 부모에게 받은 모든 자금을 상환하도록 목표 상한 기한을 설정했다.

부모와 자식 간의 거래이기에 별도의 이자는 받지 않지만, 그럼에도 상환 과정은 자녀에게 경제적 책임감을 심어 주고 재정적 신뢰를 쌓는 중요한 경험이 된다. 실제로 우리 자녀의 대출금 상환 내역은 투명하게 관리되고 있다. 첫째 아이는 대학을 졸업하고 경제 활동을 시작한 순간부터 계약서에 정해진 최소 금액 이상으로 꾸준히 상환을 이어 가고 있다.

그런데 만약 자녀가 빌려준 돈을 갚지 않는다면 어떻게 될까? 자녀가 상환 의무를 이행하지 않으면 이는 계약 위반으로 간주하며 이후 부모가 주는 경제적인 혜택이 중단된다. 원칙을 지키는 것은 매우 중요하기 때문에 자녀가 약속을 어기면 추가 지원은 없다

첫째 아이 상환 내역

상환일	상환금(단위: 원)
2023년 10월	1,600,000
2023년 11월	300,000
2023년 12월	850,000
2024년 1월	850,000
2024년 2월	850,000
2024년 3월	0
2024년 4월	380,000
2024년 5월	350,000
2024년 6월	350,000
2024년 7월	350,000
2024년 8월	350,000
상환금액 합계	6,230,000

는 점을 계약서에 명확히 명시해 두었다. 부모의 지원을 받고 싶다면 부모가 제시하는 길을 성실히 따라와야 한다는 것이다.

이러한 원칙은 자녀들이 책임감 있게 행동하고 재정적인 신뢰를 쌓는 데 큰 도움을 준다. 물론 자녀가 질병이나 실직 등 부득이한 사정으로 상환이 어려운 경우에는 부모와의 합의를 통해 상환을 연기할 수 있다. 그러나 정당한 사유 없이 갚지 않을 시 연이율 3%의 이자를 적용하여 일괄 상환하도록 규정을 정했다.

부모가 자녀에게 대출해 준다는 개념이 다소 야박하게 느껴질수 있지만, 실제로는 그렇지 않다. 자녀가 필요할 때마다 무조건돈을 주면 자녀에게 돈의 소중함과 돈벌이의 어려움을 알려 줄 수 없다. 오히려 부모는 행복 계약서에 명시된 대출 형식을 통해 돈을 빌렸으면 갚아야 한다는 책임감을 가르칠 수 있고, 자녀는 돈을 아껴 쓰며 종잣돈을 모으는 훈련을 할 수 있게 된다.

이러한 경험은 자본주의 사회에서 신용을 형성하는 중요한 자산이 된다. 비록 엄격한 조건이지만, 자녀가 이행할 수 있도록 독려한다면 이 과정은 자녀의 미래 경제생활에 큰 도움이 된다. 결국 행복 계약서는 단순히 돈을 빌리고 갚는 과정을 넘어, 자녀들이 올바른 경제관념을 형성하고 스스로 책임감을 키워 나가는 자녀 경제 교육 프로젝트라고 할 수 있다.

약속을 지킨 자녀에게
사전 상속

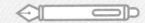

제3조 조건부 증여(유산 사전 증여)

제1항(내용)

　　년　월　일 부모의 재산을 정산하여 재산 중 일부를 자녀들에게 조건부 사전 증여한다.

제2항(목적)

부모의 사후 유산 분배로 인한 가족 간의 분란을 미리 없애고, 자녀들의 경제적 안정을 미리 돕기 위해 생전에 일부를 사전 증여한다.

공빠 MEMO
사전 증여는 정말 괜찮을까?

우리 부부는 다양한 방법으로 돈 공부를 하고 있고, 아이들에게도 일찍부터 투자 및 재테크에 대한 공부를 하도록 했다. 보통 40대 중반은 주택 마련, 자녀 교육 등의 이유로 인생에서 가장 목돈이 필요한 시기이다. 우리 아이들이 이대로 돈 공부를 지속한다면, 40대쯤 되었을 때는 20년 이상의 사회 경험과 투자 능력이 갖추어져 있을 것이다. 그래서 우리 부부는 가족 전체의 재산 증식을 위해 사전 증여가 더 유리하다고 확신한다.

최근 한국인의 평균 수명이 90세에 가까워지고 있다. 부모 사후에 재산을 물려받으면 자녀는 이미 70세가 되어 경제적으로 가장 필요한 시기를 놓치게 된다. 이 때문에 사후 상속보다는 가족 간의 신뢰를 바탕으로 이루어지는 생전 상속, 즉 사전 상속인 증여가 부모와 자녀 모두에게 이익이 될 수 있다.

물론 사전 증여에 대한 부정적인 시각도 있다. 부모가 노후 자금을 충분히 마련하지 않은 상태에서 자녀에게 모든 자산을 증여하는 것은 위험할 수 있다. 자녀가 사업 실패 등으로 그 돈을 잃게 되면 온 가족이 어려워질 수 있기 때문이다. 또한 부모로부터 재산을 물려받기만 하고 부모를 돌보지 않는 불효자도 있을 수 있다. 이러

한 사례들로 인해 사전 증여에 대한 부정적인 시선이 존재하는 것
도 사실이다.

그러나 여러 부정적인 사례에도 불구하고, 우리 부부는 70대 중
반이 되면 자녀들이 상환한 금액과 부모의 재산을 합산해 일부를
자녀에게 사전 증여하기로 했다. 이러한 결정을 내릴 수 있었던 이
유는 바로 행복 계약서가 있기 때문이다.

사전 증여를 결정했다면 어떤 방법으로 증여하는 것이 좋을까?
우리 부부는 무조건적인 증여를 하지 않는 것을 원칙으로 하고 있
다. 그래서 이에 대하여 행복 계약서에는 다음과 같은 조건부 증여
의 내용이 명시되어 있다.

- 증여 시기: 년   월   일 (자녀가 45세가 되는 날짜)
- 목적: 부모 사후 유산 분배로 인한 가족 간 갈등을 미리 해소하고, 자녀의
  경제적 안정을 돕기 위해 생전의 일부를 사전 증여
- 자격: 학자금과 결혼 자금을 성실히 상환한 자녀, 가족 구성원으로서 책
  임과 의무를 다한 자녀
- 책임과 의무: 부모 생일 두 번과 연말에 한 번, 총 세 번의 가족 모임 참
  석, 부모가 지정한 도서 6권 이상 읽고 독후감 제출
- 증여 규모: 부모의 노후 자금을 확보한 후 나머지 재산을 자녀에게 증여
- 조건부 증여: 대출 형식으로 이자를 받고, 증여 조건 위반 시 정부가 정한
  국공채 이율에 따라 이자를 소급 적용하여 증여 재산을 반환

행복 계약서에 명시된 대로 우리 부부의 증여는 조건부 증여로 대출 형식을 취한다. 사전 증여를 통해 자녀에게 대출 형식으로 지원하며 이자를 받는 방식으로 재정을 관리할 것이다. 자녀가 내는 이자를 부모의 노후 자금으로 삼고, 남은 금액을 토대로 노후를 준비한다면 이것이야말로 안정적인 노후 준비가 될 것이다. 이는 세무 문제를 방지하는 데도 유리하다.

우리는 행복 계약서를 통해 세 아이에게 경제 교육을 제공하고, 재정 관리 능력을 충분히 갖추었을 때만 증여를 진행할 계획이다. 이 계약서는 자녀들이 고등학교 때부터 재정 교육을 받도록 유도하고 학자금 대출을 받아 졸업 후 취직해서 상환을 시작하게 하며, 결혼 자금을 대출받아 성실히 상환하도록 하는 일련의 과정을 포함한다. 이러한 재정 훈련을 통해 자녀들은 경제적 책임감과 돈 관리 능력을 충분히 갖추게 된다. 그리고 이 과정에서 부모와 자녀 간의 신뢰도 형성된다.

자녀가 40대 중반이 되는 때

사전 증여의 시기도 매우 중요하다. 증여 시기는 부모의 경제적 상황과 자녀의 재정 관리 능력을 종합적으로 판단해 신중하게 결정해야 한다. 다만 부모가 50대나 60대일 때는 여전히 경제 활동이 활발하여 대체로 자녀보다는 경제적 능력이 나으므로 이 시기에는 증여를 추천하지 않는다. 우리 부부는 자녀들이 40대 중반에 도달했을 때를 증여의 시점으로 결정했다. 이 시기를 선택한 이유는 두 가지이다.

첫째, 자녀에게 돈이 가장 많이 필요한 시기이기 때문이다. 일반적으로 40~60대는 사회에서 어느 정도 자리를 잡고 더 큰 집으로 이사하거나 자녀가 있을 경우 자녀의 교육비와 독립 자금을 준비하는 등 큰돈이 필요한 시기이다. 이때 부모가 적절한 지원을 해준다면 자녀는 더욱 여유 있는 선택을 할 수 있다.

둘째, 경제적 관리 효율성을 고려했다. 부모의 노후 준비가 충분하고 자녀의 돈 관리 능력이 검증되었다면 가족의 자산을 잘 관리할 수 있는 적절한 시기에 증여하는 것이 좋다. 부모가 자녀와 30세가량 차이가 난다고 가정했을 때 부모가 70대 중반이 되면 노후에 접어들며 주변을 정리할 시기이다.

나이가 들면 더 보수적으로 변해 투자에 소극적이기 마련이다. 이때 자녀는 40대여서 경제적 황금기를 맞이한 상태이다. 게다가 세 아이가 행복 계약서를 그때까지 성실히 이행한다면 20년 이상 사회 경험을 쌓고 투자 역량이 강화되어 있을 것이다. 따라서 자녀가 부모보다 가족 전체의 자산을 더 잘 증식시킬 가능성이 높다.

우리 부부는 70대 중반 이후에는 삶을 간소화하고 노후에 필요한 자금을 제외한 나머지를 자녀에게 미리 증여하여 가족 전체의 재산을 늘리는 길을 선택했다.

지원을 받으려면
신용이 중요하다

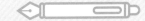

제3조 조건부 증여(유산 사전 증여)

제3항(자격)

1. 학자금과 결혼 자금을 성실하게 갚은 자녀.

2. 가족 구성원으로서 각자의 책임과 의무를 다한 자녀.

공빠 MEMO

책임과 의무를 써넣은 이유는?

계약서의 성립 요건 중에서 추상적인 내용이 들어가면 불이행이 발생하기 쉽다.
자녀에게 구체적으로 책임과 의무가 무엇인지 알리고, 그것을 성실히 이행했는
지를 파악하기 위해서 명시하였다.

우리 삶에서 신용은 매우 중요하다. 신용은 경제생활의 기본이며 신용이 있어야 은행에서 대출을 받을 수 있다. 이는 주택 매수나 사업 등 목돈이 필요한 순간에 중요한 재정 결정을 가능하게 한다. 또한 신용은 개인의 신뢰도를 나타내며 사회적·경제적 관계에서 신뢰를 구축하는 데 필수적이다

자녀의 경제 교육에서 신용의 중요성을 반드시 가르쳐야 한다. 신용이 없으면 돈을 빌릴 수 없다는 사실을 자녀들이 깨달아야만, 그들 스스로 신용을 관리하고 보호하는 데 더 신중해질 것이다.

우리 부부는 자녀가 부모의 경제적인 지원을 받기 위해서는 가족 간의 신용, 즉 신뢰를 쌓기 위해 그에 맞는 자격을 갖춰야 한다

고 행복 계약서에 명시했다. 그중 첫 번째 조건은 부모가 빌려준 돈을 성실하게 갚는 것이며, 두 번째는 가족 구성원으로서 각자의 책임과 의무를 다해야 한다는 것이다. 사실 돈을 빌려주는 행위가 있을 때 당연하게 따라오는 것은 빌린 돈을 정확히 갚는 책임이다. 그래서 행복 계약서에는 자녀가 부모로부터 받은 대출금을 성실하게 갚아야 하는 이유와 방법을 명확히 적어 두었다.

상환 의무와 성실 이행

첫 번째 자격은 부모가 빌려준 돈을 성실하게 갚는 것이다. 빌린 돈은 반드시 갚아야 한다는 기본적인 원칙을 자녀들이 이해하도록 하는 것이 중요하다. 많은 사람이 대출의 무서움을 제대로 인식하지 못한 채 신용카드 대금이나 대출금을 갚지 못해 신용불량자가 되는 사례가 종종 있다. 이러한 상황을 방지하기 위해 자녀가 사회에 나가기 전에 경제적 독립을 준비하는 과정에서 상환의 의무를 인지시키는 것은 매우 중요한 훈련이다.

부모는 자녀가 경제적으로 독립할 수 있도록 도와주는 동시에, 자녀가 자신의 재정 상황을 계획적으로 관리하도록 유도할 수 있다. 자녀는 부모로부터 받은 돈을 되갚아 나가는 과정에서 경제적 책임감을 기르고 재정 관리 능력을 배운다. 이를 통해 자녀는 돈의 가치를 이해하고 자신의 미래를 위해 현명한 재정 결정을 내릴 수 있는 능력을 갖추게 된다.

두 번째 자격은 가족 구성원으로서 각자의 책임과 의무를 다해야 한다는 것이다. 책임과 의무를 명시하는 것은 행복 계약서가 단순한 약속이 아닌, 실제로 이행하기 위함이다. 계약서의 성립 요건 중 하나로 추상적인 내용을 배제하고, 구체적인 책임과 의무를 명시하여 자녀들이 그것을 성실히 이행했는지를 판단한다. 이에 대해 우리 가족이 정한 내용을 바탕으로 설명하니 참고하여 자녀와 함께 정해 보기를 바란다.

성실 이행을
확인할 수 있는 조건 명시

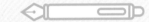

제3조 조건부 증여(유산 사전 증여)

제3항(자격)

…생략…

3. 책임과 의무의 내용

1) 1년에 부모의 생일 2회와 12월 초 1회 총 3회의 가족 모임에 참석한다.

2) 매년 부모가 지정한 추천 도서 중 6권 이상을 읽고 독후감을 제출한다.

3) 그 이외의 사항은 사회 통념상 용인되는 상식적인 수준으로 한다.

우리 부부는 책임과 의무의 내용으로 ① 부모 생일 두 번과 12월 초에 한 번, 총 3회의 가족 모임에 참석하는 것, ② 매년 부모가 지정한 추천 도서 중 6권 이상을 읽고 독후감을 제출하는 것, ③ 사회 통념상 용인되는 수준에서 가족 구성원의 책임과 의무를 다하는 것을 포함한다.

1년에 3회 모이는 것은 함께 살고 있을 때는 어렵지 않지만, 자녀들이 독립하거나 각자의 가정을 꾸린 상황에서 먼 거리에 있다면 자주 모이는 것이 어려울 수 있다. 그래서 부모로서 자녀들이 이 중요한 날을 꼭 챙겨주었으면 하는 바람을 담아 최소한의 가족 모임 일정을 큰 틀에서 정했다.

다만 명절 모임은 필수로 하지 않았다. 그 이유는 직장 생활을 하다 보면 명절이 가장 큰 휴가 기간이고, 그 기간을 그렇게 피곤하고 부담스럽게 보내는 것은 안 좋다고 생각했다. 그래서 명절을 이용해서 자녀들이 휴식을 취하거나 재충전의 시간으로 여행을 가는 등 자유롭게 활용했으면 하는 마음에 명절을 제외하였다.

추천 도서와 독후감

자녀들이 성장하면서 부모의 말을 듣게 하는 데 한계가 있다. 그래서 우리 부부는 추천 도서를 읽도록 했다. 독서를 통해 부모의 교육관이 자녀에게 더 깊이 전달되기를 바랐다. 사실 자녀에게 책을 읽으라고 해도 이를 순순히 따르는 자녀는 드물다. 우리 부부가 먼저 읽어 보고 좋은 책을 추천 도서로 정해 자녀에게 읽게 했다.

우리 부부가 선정한 추천 도서는 건강, 금융, 인문 사회, 자연과학, 자기 계발, 문학 등 다양한 분야로 구성했다. 다양한 분야의 책을 읽음으로써 폭넓은 지식을 얻고, 여러 관점과 사고방식을 접하여 비판적 사고 능력을 키우고 창의적 사고를 촉진할 수 있다.

행복 계약서는 매년 업데이트하는데 그에 맞춰 추천 도서 역시 업데이트하고 있다. 적어도 계약서에 명시된 추천 도서 중에 여섯 권을 1년 동안 읽게 한다. 때로는 부모가 특별히 읽었으면 하는 책을 추가로 추천하기도 한다. 우리가 행복 계약서를 통해 지정한 추천 도서 목록을 실었으니 참고하기 바란다.

책을 읽는 데 그치지 않고 정해진 기한 내에 독후감을 쓰게 하였다. 책의 내용을 깊이 있게 이해하고, 자기표현 능력을 강화하기 위함이다. 또한 기한을 정하면 책임감과 성실성을 기를 수 있고, 무엇보다 가족 구성원이 공통된 책을 읽고 독후감을 서로 읽어 보며 가족 간의 생각을 공유하고 대화의 기회를 늘릴 수 있다.

예를 들어 경제 책에서 배운 재테크 방법을 가족끼리 논의하며 실생활에 어떻게 적용할 수 있을지 이야기할 수 있고, 건강 서적의 내용을 나누며 가족 모두가 건강 관리에 대한 관심을 함께 가질 수 있다. 그럼으로써 가족 간의 유대감을 강화하고 서로를 더욱 깊이 이해할 수 있다.

현재 우리 부부가 운영하는 네이버 블로그 '공부하는 엄마·아빠'에는 자녀들이 쓴 독후감을 모아놓은 '행복 계약서 자녀 독후감' 게시판이 있다. 이곳에 올라온 글들을 보면 실제로 행복 계약서를 통해 자녀들이 부모의 가르침을 성실하게 이행하고 있음을 확인할 수 있다.

행복 계약서에 자녀들이 지켜야 할 조건을 명시한 것은 자녀들이 책임감을 가지고 성실하게 살아가도록 유도하기 위함이다. 자녀들이 행복 계약서를 성실하게 이행하는 모습을 통해 부모와 자식 간의 신뢰가 저절로 형성된다.

구분	도서명
건강	해독 혁명 (최지영)
	더 젊게 오래 사는 법 (디팩 초프라)
	내 몸 혁명 (박용우)
	생명 리셋 (전홍준)
	나는 질병 없이 살기로 했다 (하비 다이아몬드)
금융	부의 인문학 (우석)
	돈의 속성 (김승호)
	부자아빠 가난한 아빠 (로버트 기요사키)
	EBS 다큐프라임 자본주의 (자본주의 제작팀)
	대한민국 돈의 역사 (홍춘욱)
자기계발	비상식적 성공 법칙 (간다 마사노리)
	세이노의 가르침 (세이노)
	결국 해내는 사람들의 원칙 (앨런 피즈, 바바라 피즈)
	데일 카네기 인간관계론 (데일 카네기)
	거인의 노트 (김익한)
인문사회	뉴타입의 시대 (야마구치 슈)
	팩트풀니스 (한스 로슬링)
	아비투스 (도리스 메르틴)
	몰입의 즐거움 (미하이 칙센트미하이)
	인간 본성의 법칙 (로버트 그린)
자연과학	떨림과 울림 (김상욱)
	우리는 왜 잠을 자야 할까 (매슈 워커)
	이토록 뜻밖의 뇌과학 (리사 펠드먼 배럿)
	박문호 박사의 빅히스토리 공부 (박문호)
문학	싯다르타 (헤르만 헤세)
	상처받지 않는 영혼 (마이클 A. 싱어)
	닥터 도티의 삶을 바꾸는 마술가게 (제임스 도티)
	스님의 주례사 (법륜)

계약 불이행에 관한
규정도 정한다

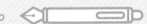

제3조 조건부 증여(유산 사전 증여)

제4항(증여의 조건)

1. 증여받은 이후에도 가족 구성원으로서 각자의 책임과 의무를 다한다.

2. 증여액의 0.1 ~ 0.3 %를 매달 부모가 지정한 계좌에 입금한다.

제5항(증여의 취소)

자녀는 제3조 제4항의 조건을 어길 경우, 정부가 정한 국공채 이율에 해당하는 이자를 소급 적용하여 증여된 재산에 합하여 즉시 갚는다.

공빠 MEMO

증여액의 0.1~0.3%를 받는 이유는?

증여할 때 합법적으로 증여세를 내므로 거기에 맞춰서 법에 어긋나지 않도록 할 예정이지만, 대출 형식을 취하게 된다면 이자를 받아야 한다. 최소한의 이자로 증여액의 0.1~0.3%를 설정한 것이다. 가령 1억 원을 준다고 한다면 10~30만 원을 받게 되니 자녀들이 부담을 가질 만한 금액은 아닐 것이다.

행복 계약서는 부모 생전에 특정 조건을 걸고 자녀에게 지원을 약속하며 그 조건을 이행하지 않으면 지원금을 다시 토해 내는 구조이다. 그런 관점에서 생전 조건부 증여 계약서로 볼 수 있다. 이 생전 조건부 증여 계약은 대법원 판례로도 인정되고 있기 때문에 계약서를 작성하면 법적인 효력이 있다.

만약 자녀가 이자를 내지 않거나 가족 구성원의 의무를 다하지 않는다면 이는 명백한 계약 위반이므로 법적 조치를 취할 수 있다. 우리 부부는 행복 계약서를 작성할 때 변호사의 조언을 받아 이러한 문제에도 대비해 놓았다. 법적 절차가 어렵거나 자녀가 믿음직하지 않은 경우라면 증여 금액을 줄이면 된다.

100세 장수 시대를 대비해 계획을 세우는 것이 매우 중요해졌다. 60대와 70대 초반에는 건강하게 활동할 수 있지만, 70대 중반 이후로는 신체가 쇠약해지고 마음도 약해지는 시기이다. 80대와 90대의 삶을 계획하고, 자녀가 필요할 때 지원하는 것이 가족 전체의 재산을 늘릴 수 있는 좋은 방법이 될 수 있다.

결국 사전 증여는 부모와 자녀 간의 신뢰를 바탕으로 한 재정적 지원으로, 자녀들이 경제적으로 가장 필요로 하는 시기에 적절히 이루어진다면 자녀는 재정적으로 독립하고 책임감을 가질 수 있으며, 부모는 노후에 안정된 삶을 누릴 수 있는 좋은 선택이 될 것이다.

행복 계약서는 사전 증여를 결정할 수 있는 안전장치로 사전 증여를 통해 자녀의 경제적 안정을 돕고 부모와 자녀 간의 신뢰를 기반으로 한 효자 만들기 프로젝트라고 할 수 있다. 혹여 자녀를 믿으니 효도 계약서를 쓰지 않아도 된다고 여길 수 있다. 다만 자녀에게 배우자가 생긴다면 어떨까? 이에 대해 한번 생각해 보자.

자녀 결혼 후에도
행복 계약서가 이행되도록

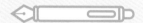

인생에서 배우자를 만나는 것은 매우 중요한 일이다. 배우자는 함께 인생을 나누고 성장할 동반자로, 서로의 가치관과 경제관이 맞아야 행복한 가정을 꾸릴 수 있다. 우리 부부가 행복 계약서를 만들고 나서 가장 염려했던 것 중 하나는 바로 자녀의 배우자였다. 자녀들은 행복 계약서를 통해 우리 부부의 가치관을 충분히 이해하고 자연스레 스몄으리라고 생각한다. 그러나 문제는 자녀들이 데려올 예비 배우자들이다. 과연 우리 자녀들이 데리고 올 배우자는 어떤 사람일까? 과연 우리 가족의 가치관을 공감해 줄지 다소 걱정이 되기도 했다.

예전에 어떤 교수님이 강의를 통해 자녀가 데려오는 예비 배우자가 좋은 배우자감인지 판단하는 방법을 알려 준 적이 있다. 그 방법은 자녀가 예비 배우자를 데리고 올 때, 그 예비 배우자가 2년간의 카드 사용 내역을 확인하는 것이었다. 돈은 그 사람의 가치관과 경제관을 잘 드러내기 때문에 카드 사용 내역을 통해 그 사람이 어디에 돈을 쓰는지, 관심사가 무엇인지 파악하여 간접적으로 그 사람의 경제관과 철학을 이해할 수 있다는 것이다.

자녀의 상견례 자리에 가게 된다면

하지만 자녀의 예비 배우자를 처음 만나는 자리인데 카드 명세서를 보여 달라고 요구할 수 있는 부모는 많지 않을 것이다. 그래서 우리 부부는 다른 방법을 생각해 냈다. 그것은 바로 행복 계약서를 자녀의 예비 배우자에게 보여 주고 그 반응을 보는 것이다.

행복 계약서는 우리 가족의 경제 청사진을 담고 있다. 자녀가 누군가와 진지한 관계를 맺고 결혼을 고려하게 된다면 가장 먼저 행복 계약서를 보여 줄 것이다. 행복 계약서를 보고 긍정적으로 반응하는 사람이라면 우리 가족의 가치관에 공감하는 것이므로 걱정하지 않아도 될 테다. 반대로 이 계약서의 의미를 이해하지 못하는 사람이라면 걱정이 될 것 같다.

혹시 자녀가 예비 배우자에게 보여 주지 않더라도 우리 부부는 직접 행복 계약서를 보여 주고 가정의 경제 청사진을 설명해 줄 작정이다. 자녀가 결혼하면 그 배우자 역시 이 계약을 함께 이행해야 하기 때문이다.

행복 계약서를 토대로 자녀는 부모로부터 빌린 독립 및 결혼 자금을 성실히 상환하고 부모가 제시한 조건을 이행해야 한다. 그러나 행복 계약서를 이해하고 받아들이지 못하는 배우자를 만나게 된다면 그 배우자는 부모에게 보내는 돈에 불만을 가질 수 있고, 결국 가정의 경제 문제로 다툼이 발생해 행복한 결혼 생활을 이어 가기 어려울 것이다. 따라서 이 계약서를 이해하고 함께 실천할 수 있는 배우자를 만나는 것이 자녀가 행복한 결혼 생활을 하는 길이 될 것이다.

우리가 자녀의 배우자를 직접 선택할 수는 없지만, 자녀가 좋은 배우자를 만날 수 있도록 이끌어 줄 수는 있다. 우리 부부는 행복 계약서를 통해 자녀들에게 어렸을 때부터 돈 공부를 시켰기 때문에 자녀들이 비슷한 경제관을 가진 배우자를 만나기를 바란다.

우리 가족이 자녀가 많으므로 공평한 지원을 위해 행복 계약서가 필요했다고 생각하는 이가 있을지도 모른다. 자녀가 한 명일 경우에는 굳이 행복 계약서가 필요할지 의문이 들 수도 있다. 그런데 달리 생각하면, 자녀가 한 명일수록 더욱 철저한 경제 교육이 필요하지 않을까. 부모가 없을 때 자녀는 혼자서 가족의 모든 책임을 감당해야 한다. 부디 자녀를 둔 모든 가정이 행복 계약서를 바탕으로 자녀를 올바른 길로 인도하는 지침서로 활용해 보기를 바란다.

4장

행복 계약서

Q&A

아이와 행복 계약서를 쓰기 전에
알아두면 좋은 것

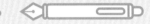

지금까지 우리 가족이 왜 행복 계약서를 만들게 되었는지, 그 계약서를 어떻게 만들고 활용하는지 세세히 살펴보았다. 우리 가족의 이야기를 통해 행복 계약서의 필요성을 이해한 독자라면 이런저런 궁금증이 들 수 있다. 실제로 블로그나 유튜브를 통해 많은 사람이 우리 가족의 행복 계약서 이야기에 관심을 가지며 다양한 질문을 던졌다. 4장에서는 대표적인 질문을 선정해 답변하였다. 모든 가정에서 행복 계약서를 더 잘 이해하고 자신의 삶과 가정에 적용하는 데 도움이 되기를 바란다.

Q 첫째는 어렸을 때부터 스스로 잘 해냈는데, 둘째와 셋째가 참 문제입니다. 그래서 첫째보다 둘째와 셋째를 좀 더 도와주었는데, 이제 와서 행복 계약서를 쓰자니 난감합니다. 혼자서 잘하는 첫째보다는 둘째와 셋째를 조금 더 도와주고 싶은데, 어떨까요?

A 우리 부부는 이런 상황을 피하고자 행복 계약서를 만들었습니다. 주변에서 부모가 자녀를 공평하게 대우하지 않아 가정에 불씨가 남거나 분란이 생기는 경우를 너무 많이 봐 왔습니다. 부모는 때로 잘하는 자녀보다 못하는 자녀를 더 돕고 싶어 하지만, 이런 선택이 상황을 개선하지 못할 뿐 아니라, 오히려 더 큰 문제를 초래할 수 있습니다.

극단적인 예를 들어 보겠습니다. 두 자녀 중 A는 학교도 잘 다니고 공부도 열심히 해서 좋은 직장에 들어가 성실히 살아가고 있습니다. 반면 B는 학창 시절부터 공부를 소홀히 하다가 변변치 못한 직장에 들어갔습니다. 돈은 잘 벌지도 못하면서 사치만 부려 항상 돈이 부족하다고 합니다.

이때 부모가 A에게 "B가 너보다 못 사니까 B를 도와줘야겠다."라고 한다면 A는 열심히 살아왔지만, 부모로부터 받는 것이 B보다 적다는 사실에 허탈감과 불공평함을 느끼게 될 것입니다. 이런 불만을 겉으로 드러내지 않더라도 마음속에 쌓일 수 있습니다. 부모의 잘못된 선택은 결국 형제 간의 우애까지 해칠 수 있습니다.

따라서 자녀를 대우할 때는 무엇보다 공정하고 공평해야 합니다. 특히 경제적인 부분에 있어서는 10원 하나도 차별 없이 똑같이 지원하는 것이 가정의 평화를 위해 꼭 필요하다고 생각합니다.

Q 첫째는 공부를 잘해 유학까지 지원해 주었지만, 둘째는 공부에 관심이 없었고 일찍부터 스스로 아르바이트하며 생활했기 때문에 경제적 지원이 첫째보다 적습니다. 이런 경우에는 행복 계약서를 어떻게 작성하면 좋을까요?

A 우리 부부처럼 자녀가 중고등학생일 때부터 행복 계약서를 도입했다면 자녀들에게 공정하게 기회를 줄 수 있었을 것입니다. 또한 자녀와 함께 일찍부터 재테크와 투자, 자본주의에 관한 공부를 하며 경제 청사진을 그릴 수 있었을 것입니다.

하지만 이미 상황이 이렇게 되었다면 솔직한 대화가 답이라고 생각합니다. 먼저 온 가족이 모여서 지금까지 자녀 각자에게 얼마나 지원해 주었는지 솔직하게 이야기하는 것이 중요합니다. 이러한 대화를 통해 가족 모두가 납득할 만한 지원 범위가 나올 것입니다. 부모에게 여유가 있다면 이후 자녀에게 대출해 줄 수 있는 비용의 기준을 공평하게 맞출 수 있을 것입니다.

질문자의 사례처럼 첫째에게 유학 비용이 많이 들어간 상황에서 둘째는 공부에 관심이 없고 혼자서 잘해 왔기 때문에 상대적으로 적은 비용이 들어갔다면 부모는 둘째를 위해 첫째에게 투자한 비용만큼을 비축해 두는 것이 좋습니다.

추후 둘째가 사업을 시작하거나 돈이 필요한 시점이 온다면 첫째를 지원해 준 만큼 똑같이 도와주는 것입니다. 자녀의 성적이나 관심사와 상관없이 자식이라면 똑같이 대해 주는 것이 바람직합니다.

Q 남편에게 행복 계약서를 작성해 보자고 권유했는데, 남편이 반대합니다. 공빠, 공마 부부는 행복 계약서를 시작하려고 했을 때 의견 차이는 없으셨나요?

A 사실 우리 부부도 처음부터 의견이 일치했던 것은 아닙니다. 행복 계약서를 만드는 데 1년 정도가 걸렸습니다. 처음부터 바로 시작한 것이 아니라, 서로 끊임없이 대화하고 공감대를 형성하면서 함께 만들어 나갔습니다. 행복 계약서의 필요성, 우리 가정에 맞는 계약서의 형태, 그리고 계약서의 목적 등을 배우자와 협의하여 의기투합하는 과정이 매우 중요합니다.

배우자가 반대하는 이유는 행복 계약서의 필요성이나 장점에 대해 충분히 알지 못해서일 가능성이 큽니다. 우선 행복 계약서의 장단점을 잘 설명하여 공감대를 형성해 나간다면 배우자도 점차 마음을 열고 찬성할 수 있을 것입니다.

그런 후에 우리 가정에 맞게 어떤 부분을 적용하고 적용하지 말아야 할지를 정하며, 대출 액수, 상환 기간 및 대출 조건 등 세부 사항을 조율해 나가는 것이 중요합니다. 배우자와 협의가 끝나면 자녀들과도 계약 조건에 대해 충분히 대화하고 합의하는 과정을 거쳐야 합니다.

우리 가족의 경우 필독서를 읽고 독후감을 쓰는 부분에서 의견이 많이 갈렸습니다. 아이들은 이런 것을 꼭 해야 하는지, 혹은 독후감을 1년 치 한꺼번에 제출하면 안 되느냐는 등의 의견이었지요. 우리 부부가 책을 함께 읽고 이야기하고 싶다는 취지를 잘 설명하고 설득한 끝에야 계약서에 기입할 수 있었습니다. 지금은 아이들도 그 취지를 잘 이해하고 따르고 있으며 공빠가 운영하는 블로그에 독후감도 꾸준히 올리고 있습니다.

행복 계약서를 쓰고 계약을 완료한 이후에도 내용을 수정할 수 있을까요?

 행복 계약서는 법조문처럼 꼼꼼하게 작성된 가족 간의 상호 계약입니다. 다시 말해 계약 체결 당사자 간 합의하에 수정 가능한 여느 계약서처럼 행복 계약서 또한 가족 간 합의하에 언제든 수정 가능합니다. 예를 들어 자녀에게 추가적인 자금이 필요한 상황이 생긴다면 그 타당성을 검토한 후 기존 계약보다 증액하여 새롭게 계약할 수 있습니다.

우리 가족은 매년 연말에 모여 합의하고 계약 내용을 수정하며 새롭게 서명을 받고 있습니다. 이런 유연한 수정 과정은 행복 계약서를 지속 가능하게 하는 중요한 요소라고 생각합니다.

책에서도 밝혔듯이 우리 가족의 경우, 부모가 도서를 선정하여 목록을 계약서에 별첨하였습니다. 우리 가족의 계약 조건 중 하나는 1년 동안 행복 계약서에 지정된 필독서 중 여섯 권을 읽고, 두 달에 한 권씩 독후감을 제출하는 것입니다. 자녀들이 특별히 읽었으면 하는 책이 생기거나 필독서 목록이 달라지기도 하므로 그에 맞춰 계약서를 수정하고 있습니다.

우리 가족의 블로그(blog.naver.com/gongbba-blog)에 방문하면 '행복 계약서 자녀 독후감' 코너에서 자녀들이 쓴 독후감을 확인할 수 있습니다.

그 내용을 보시면 저희 자녀들이 어떻게 행복 계약서를 실천하고 있는지, 어떤 책을 읽고 어떤 생각을 했는지 직접 확인할 수 있습니다. 많은 분이 참고하여 가정 내에서 적용해 보면 좋겠습니다.

Q 행복 계약서를 우리 가정에 도입하고 싶어서 가족들에게 제안했습니다. 큰딸은 하겠다고 했지만, 작은딸이 하고 싶지 않다고 합니다. 어떻게 설득하면 좋을까요?

A 괜찮습니다. 작은딸이 아직 행복 계약서의 내용을 충분히 이해하지 못한 상태라서 그럴 것입니다. 우선 행복 계약서를 쓰지 않겠다고 한다면 고등학교 졸업 후 바로 독립하라고 말씀해 보세요.

행복 계약서의 전제조건은 고등학교까지는 부모가 의무적으로 지원하지만, 대학교부터는 더 이상 부모의 의무가 아니기 때문에 자녀가 스스로 독립해야 한다는 점입니다. 다만 갓 성인이 된 상태에서는 자금도 신용도 없어서 돈을 빌리기 어려우니 부모로서 무이자 대출을 해 주겠다는 것이 행복 계약서의 취지입니다. 그러나 행복 계약서에 동의하지 않는다면 성인이 된 이후에는 부모로부터 경제적 지원을 받을 수 없고, 이후 사전 증여도 받지 못한다는 점을 명확히 해야 합니다.

사실 행복 계약서는 자녀에게 유리한 조건을 제공하는 도구입니다. 자녀가 하지 않겠다고 하는 이유는 단순히 행복 계약서를 이해하지 못했기 때문일 가능성이 큽니다. 우리 둘째 아이도 같은 반응을 보였어요. 처음 행복 계약서를 이야기했을 때 두 딸(첫째 아이와 셋째 아이)은 하겠다고 했지만, 아들(둘째 아이)은 거절했죠.

이후 아들이 군대에 입대하고 나서 전화로 "계약서 아직 유효한가요?"라고 물었습니다. 뒤늦게 계약에 동의했지만, 현재까지 행복 계약서를 잘 이행하고 있습니다. 아마도 시간이 지나면서 행복 계약서의 의미와 유리한 조건을 이해하게 되면 질문자님의 작은딸도 결국 동의하리라고 생각합니다.

대출금 이외에 애들 용돈은 어떻게 하셨나요? 각자 알아서 하게 두셨나요?

 우리 부부는 자녀들이 성인이 된 이후로 한 학기에 등록금 이외에 350만 원씩 대출해 주었습니다. 등록금은 공빠 직장에서 지원되었기 때문이죠.

우리 부부가 대출해 준 350만 원에는 그 금액에는 용돈도 포함되어 있었습니다. 세 아이는 그 안에서 생활비, 용돈 등을 모두 알아서 해결해야 했습니다. 현재까지 8년 동안 행복 계약서를 성실히 이행하고 있습니다.

아이들은 어릴 때부터 경제관념을 다져왔기 때문에 다른 집 아이들보다 훨씬 독립적이고 씀씀이도 규모가 있습니다. 스스로 큰돈을 계획적으로 관리하는 경험 자체가 중요한 공부라고 생각합니다. 그 훈련 도구로써 행복 계약서가 효과적이라고 자신합니다.

갓 성인이 된 자녀에게 목돈을 한 번에 준다는 것이 걱정스러울수 있지만, 오히려 자녀가 성인이 된 이후에 계속해서 책을 사야 한다거나 옷을 사야 한다는 이유로 부모에게 용돈을 요구하는 것이 부모와 자녀 간의 관계를 더 어렵게 만들 수 있습니다. 자녀가 요청하는 돈이 정말 필요한지에 대해 고민하게 되고 아껴 쓰라고 조언하면서 감정적인 소모가 발생할 수밖에 없습니다.

자녀가 어릴 때부터 경제 공부를 하도록 하고, 성인이 된 이후에는 스스로 돈을 계획적으로 사용하는 법을 훈련하도록 어느 정도 규모의 목돈을 주는 것이 바람직하다고 생각합니다.

부모에게 돈을 빌린다고 해서 자녀가 경제적으로 독립하지 못한다고 생각하지 않습니다. 부모와의 경제적 관계와 경제적 독립은 별개로 봐야 합니다. 보통 집을 사거나 큰돈이 필요할 때 은행에서 대출을 받습니다. 그렇다고 해서 대출을 받는 사람들이 경제적으로 독립적이지 않은 것은 아니지 않습니까?

이와 마찬가지로 자녀들은 부모에게 빌린 돈을 갚아나가면서 남은 돈을 필요한 곳에 쓰고, 저축하거나 재테크를 통해 자산을 불려 갈 것입니다.

자녀 스스로 필요한 돈이 얼마인지, 갚아야 할 돈이 얼마인지, 쓸 수 있는 돈은 얼마인지를 스스로 생각하고 계획을 세우는 것이 경제적 자립의 첫걸음입니다. 우리 부부의 자녀들은 행복 계약서를 통해 돈과 재테크에 대해 빨리 깨우쳤습니다. 몸소 터득한 지식으로 미래에 대해 진지하게 고민하고 구체적으로 계획을 세워 실천에 옮겼습니다.

첫째 아이는 한 학기에 500만 원 대출을 고려해 국립대인 한국교원대 초등교육과로 진로를 정했지만, 그 선택에 후회 없이 학교생활을 잘 마쳤고 이후 대출금도 문제없이 상환하고 있습니다. 행복 계약서는 자녀가 경제적으로 자립할 수 있도록 돕는 훌륭한 도구라고 자신합니다.

평생 계약서로 묶인다면 오히려 자녀가 부모의 영향에서 벗어날 수 없지 않을까요? 자녀의 의존성이 더 높아지지 않을까 우려됩니다. 자녀가 진정한 독립을 할 수 있을까요?

 행복 계약서의 목적은 자녀들의 자유와 독립을 제한하거나 부모의 이익을 위해 자녀를 옭아매려는 것이 아닙니다. 반대로 자녀의 재정적 자립심을 키워 주는 것이 궁극적 목표입니다. 또한 이 계약서는 자녀들을 공평하게 지원하면서 학교나 사회에서 가르쳐 주지 않는 돈 공부를 시키기 위한 부모의 훈련 도구라고 볼 수 있습니다.

우리 부부는 행복 계약서를 통해 자녀에게 돈을 빌려주었고 대출 장부와 상환 장부를 철저히 관리하고 있습니다. 이 과정에서 자녀들은 경제관념을 배웠습니다. 직접 체험으로 익힌 지식은 아이들이 앞으로 살아갈 날에 든든한 무기가 되리라고 생각합니다. 또한 우리 부부는 행복 계약서를 통해 자녀에게 올바른 경제 교육을 제공하며 동시에 가족 재산을 현명하게 관리할 수 있습니다.

'돈을 빌렸으면 갚는 것이 당연하다.'라는 원칙은 모든 자녀에게 공평하게 적용됩니다. 한 자녀가 다 갚고 다른 자녀가 갚지 않는다면 불공평하겠죠. 자녀들이 갚은 돈은 필요할 때 더 크게 지원하기 위해 모아 두고 있습니다.

혹시 우려되는 부분이 있다면 온 가족이 함께 대화하여 가족에게 맞는 맞춤형 행복 계약서를 만들어 보는 것도 좋은 방법입니다. 이렇게 서로의 의견을 듣고 조정해 나간다면 행복 계약서는 자녀의 진정한 경제적 독립을 돕는 훌륭한 도구가 될 것입니다.

행복 계약서를 알게 되고 그 목적에 공감하여 아이가 고등학생 때 합의하에 작성하였습니다. 그런데 대학생이 된 아이의 여자 친구가 행복 계약서를 쓰는 게 이상하다고 합니다. 행복 계약서 때문에 우리 아이가 여자 친구 눈치를 보면 어떡하죠?

 우리 부부도 이런 걱정을 해 본 적이 있습니다. 우리 아이들이 행복 계약서를 통해 경제력을 키워왔지만, 나중에 아이가 데리고 올 배우자는 과연 우리 가정의 가치관을 이해할 수 있을까 하는 고민이 있었죠.

그런데 곰곰이 생각해 보니, 행복 계약서가 오히려 거름망의 역할을 할 수 있겠다는 결론을 내렸습니다.

만약 자녀가 예비 배우자를 데리고 왔다면 우리 부부는 다음과 같이 설명하기로 했습니다.

"우리 가족은 함께 돈 공부도 하고, 여러 조건을 약속하고 이행하기 위해 행복 계약서를 쓴다."

이때 예비 배우자가 "너희 집안은 이상하다."라는 반응을 보인다면 그 사람은 우리 가정과 맞지 않을 확률이 높습니다. 아마 본인이 먼저 도망갈 수도 있을 것입니다.

하지만 행복 계약서의 취지와 내용을 제대로 이해한다면 그런 반응을 보이지 않을 것입니다. 오히려 경제관념이 있는 사람이라면 이 계약서의 장점을 알게 될 것이고, 결혼 후에도 손해 보는 것이 아니라는 점을 명확히 인식할 것입니다.

행복 계약서를 통해 올바른 경제관과 가치관을 형성한 우리의 자녀들이라면 현명한 배우자를 찾을 것이라고 믿습니다.

정당하게 세금을 내면서도 절세 효과를 기대하려면 사후 상속보다는 10년 단위로 사전 증여를 진행하는 것이 훨씬 유리합니다. 상속세는 한 번에 큰돈을 물려줄 때 부과되기 때문에 상속 금액이 많을수록 세금 부담도 커집니다. 반면, 사전 증여는 재산을 나누어 주기 때문에 상속보다 절세 효과가 있습니다.

최근 우리 부부는 한 가정의 사례를 듣고 사전 증여의 필요성을 더욱 느끼게 되었습니다. 한 부자가 사후에 700억 원을 남겼는데, 상속세로 280억 원을 냈다고 합니다. 그런데 상속받은 자녀는 아버지가 생전에 10원 한 푼도 주지 않아 결국 60대 후반이 되어서야 그 재산을 상속받았다고 하더군요. 이제 남은 420억 원을 어떻게 활용해야 할지 고민하는 시점에 다시 손자나 손녀에게 넘어가면 상속세로 인해 재산은 더욱 줄어들 수밖에 없다는 것이 문제였습니다. 자녀가 재산이 가장 필요한 40대 즈음에 도움을 주는 것이 훨씬 의미가 있었겠죠. 그래서 사전 증여가 중요합니다.

우리나라에서는 상속받는 재산이 10억 원을 초과하면 초과분에 대해 상속세가 부과됩니다. 현재 서울 아파트 가격이 평균 12억 원이 넘는 상황이니, 상속세를 준비하지 않은 가정도 곧 세금 문제를 직면하게 될 것입니다. 따라서 사전 증여를 통해 가족의 경제적 계획을 잘 세우는 것이 절세 효과를 누리고 가족의 자산을 잘 관리하는 데 유리한 선택이 될 것입니다.

5장

행복 계약 당사자의
생생한 후기

나를 성장하게 한
행복 계약서

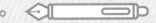

1. 행복 계약서를 처음 제안받았을 때, 어떤 느낌이었나요?

어릴 때부터 엄마와 동생, 이렇게 셋이서만 생활해 왔어요. 그래서 성인이 되면 엄마에게 힘이 되어 주고, 짐이 되면 안 되겠다고 생각했죠. 성인이 되면 지원을 받지 않고, 대출을 받든 일을 해서든 내가 벌어서 살아야겠다고 막연히 생각했지만, 사실 어떻게 해야 할지 막막했어요.

그러던 중 아빠와 새로 만나 행복한 가족이 되기를 꿈꾸고 있을 때, '행복 계약서'를 제안받았어요. 처음에는 '가족 간에 무슨 계약?', '역시 올 게 왔구나?'라는 생각이 들면서 우리 가정이 남들과 다르니 어쩔 수 없나 보다 하고 생각했어요. 그런데 계약서 내용을 읽어 보니 대출을 받는 형태, 갚는 과정, 그리고 그에 따르는 과제 등이 정말 합리적이고 현실적이더라고요. 그래서 계약서를 쓰는 것이 기뻤고, 미래에 대한 안심이 되었어요.

2. 친구들에게 행복 계약서 이야기를 했을 때 반응은 어땠나요? 어떻게 설명했나요?

사실 지금까지 행복 계약서에 대해 자세히 설명한 친구는 없어요. 등록금이나 생활비를 어떻게 해결하냐는 질문을 받은 적도 없어서요.

하지만 용돈 이야기가 나왔을 때는 이렇게 설명했어요. 우리 집은 용돈 개념이 아니라 대출 형태로 지원을 받고, 내가 사회생활을 해서 급여를 받게 되면 그 급여의 10% 이상을 매달 상환하는 시스템이라고요. 그래서 부모님께 돈을 받으면서도 죄책감 없이 쓸 수 있고, 내 돈이라 생각하니 자연스럽게 아끼게 되는 등 여러모로 좋은 점이 많다고요.

그럴 때마다 친구들은 신기하다는 반응을 보였어요. 어떤 친구는 조금 정이 없는 것 같다고도 했지만, 미래에 자기 자녀들에게도 그렇게 하고 싶다며 좋은 시스템이라고 했어요.

3. 지금까지 얼마나 대출받았는지 알고 있나요?

부모님께서 자세히 기록해 두셔서 사회생활을 시작하고 상환을 시작할 때 그 기록을 참고하고 있어요. 매달 상환하는 금액도 꼼꼼히 기록해 두시고요.

4. 나중에 자녀가 생기면 행복 계약서를 도입할 계획인가요? 아니면 다른 계획이 있나요?

저는 지금과 비슷하게 할 것 같아요. 예전에 한 번에 일정 금액을 받고 몇 달간 나누어 쓰기도 하고 매달 일정 금액을 대출받아 쓰기도 했는데, 전자가 돈을 굴리고 관리하는 방법을 더 확실히 느낄 수 있었어요. 여건이 된다면 1년 단위로 대출을 해 줄 거예요. 만약 돈을 제대로 관리하지 못해 1년도 안 되어 다 써 버리면, 스스로 벌어서 충당하든 알아서 해야겠죠.

또 대학 때 돈 공부를 제대로 하지 않았던 것 같아서 투자 성공률에 따른 보너스 조항도 넣고 싶어요. 가진 돈으로 일정 부분 투자를 해서 수익이 생기면 그 수익의 일부만큼 보너스를 주는 식으로요. 그렇게 하면 자녀가 투자에 관심을 가지고, 실패와 성공의 과정을 일찍부터 경험하게 될 것 같아요.

5. 행복 계약서의 필독서를 읽으며 가장 기억에 남는 점은 무엇인가요?

필독서는 부모님께서 다양한 분야의 책을 먼저 읽고 선정한 도서 목록이에요. 매달 저에게 꼭 필요한 책이 눈에 띄었어요. 그래서 매번 팩트 폭행과 함께 많은 가르침을 얻었죠.

최근에 읽고 가장 기억에 남는 책은 『내 몸 혁명』, 『더 젊게 오래 사는 법』이에요. 오랜 시간 동안 제 관심사는 저의 외적인 모습, 남에게 보이는 이미지였다는 것을 이제야 깨달았어요. 그런데 요즘에는 이 책들을 읽고 제 몸과 내면, 그리고 건강한 삶에 대해 생각하고 행동하는 데 푹 빠졌어요.

책을 많이 읽고 매번 행동으로 옮기는 부모님을 보면서 '어떻게 저럴 수 있을까?', '안 지칠까?'라는 생각을 많이 했는데, 제 상황이나 고민에 딱 맞는 책을 찾으니 저도 그렇게 되더라고요. 책을 읽고 인상 깊은 내용을 실천하고자 시도했던 적은 셀 수 없지만, 다며칠 만에 그쳤는데, 이번에는 마음속 깊이 느끼고 행동하니 생각과 행동이 많이 바뀌었어요. 이런 경험은 나중에도 많이 기억에 남을 것 같아요.

6. 행복 계약서를 이행하며 가장 힘들었던 점은 무엇인가요?

아무리 생각해 봐도 정말 힘들었던 점은 없어요. 부모님은 제가 돈을 무엇을 위해 대출하는지, 어디에 쓰는지 눈치를 주신 적이 한 번도 없어요. 은행에서 적은 돈을 빌리려 해도 제출해야 하는 서류가 많을 텐데, 좋은 책을 읽고 독후감 쓰는 정도는 전혀 큰일이 아니라고 생각해요.

7. 그동안 대출한 돈을 어디에 가장 많이 썼나요? 어떻게 사용했나요?

주로 대학 등록금, 생활비(식비, 교통비), 쇼핑(옷, 생활소품)에 썼어요. 책이나 회비 등 크게 돈이 들어갈 데가 아니라면, 자잘하게 친구들과 밥을 먹거나 대중교통을 타는 등 생활하는 데 사용한 것이 전부예요.

대학생 때까지는 돈을 많이 쓰는 스타일도 아니고, 사고 싶은 게 생기면 몇 번씩 고민하고 품질보다는 싼 걸 사는 게 습관이었어요. 그래서 특별한 목적 없이 '필요한 것만 사자'는 주의로 돈을 썼던 것 같아요. 그래서 돈을 다 써 버려서 급히 다른 일을 구하거나 한 적은 없었어요.

8. 대출해 주는 돈이 적다고 느꼈나요, 아니면 많다고 느꼈나요?

저는 국립대학교에 입학하여 기숙사에서 생활했기 때문에 주거비와 등록금에서 많은 부분을 절약할 수 있었어요. 그래서 대출받는 돈이 적다고 느낀 적은 한 번도 없어요. 대학 생활을 생각해 보면 크게 아끼지 않고도 풍요롭게 잘 지냈던 것 같아요. 코로나로 인해 대학 생활 몇 년은 집에서 지내서 더욱 대출금이 여유로웠던 것도 있어요.

9. 행복 계약서를 이행하면서 아르바이트를 한 적이 있나요? 그렇다면 이유는 무엇인가요?

아르바이트한 적이 있어요. 학원 선생님이나 과외 등 공부를 가르치는 일을 주로 했어요. 그때는 대학생이 된 지 얼마 안 돼서 남들 다 해 보는 아르바이트를 해 보고 싶었거든요. 그래서 가장 만만한 학원과 과외 아르바이트를 해봤어요.

원래도 풍족했는데, 아르바이트를 하니 더 많은 것을 살 수 있더라고요. 대출받은 돈도 소중하지만, 내가 직접 벌어서 얻은 돈이니

이 돈으로는 부모님 선물을 사거나 강아지 용품을 눈치 보지 않고 살 수 있었어요. 처음으로 친구와 해외여행도 가 봤는데, 그때 느낀 자유로움과 상쾌함은 몇 년이 지난 지금까지도 잊을 수 없어요. 처음 받은 아르바이트 비로 부모님께 편지를 써서 봉투에 얼마씩 넣어 선물로 드렸는데, 엄마께서 감동하셔서 우셨을 때 정말 뿌듯하고 행복했어요.

하지만 그런 행복도 잠시, 내가 일에 들이는 시간과 노력 그리고 체력에 비해 급여가 비례하지 않는다는 생각이 들었어요. 그래서 대학교 2학년 때부터는 아르바이트를 하지 않았어요. 행복 계약서로 인해 이렇게 일하지 않고도 대출을 받을 수 있다는 점에 더욱 감사하게 되었어요.

10. 행복 계약서 당사자가 이야기하는 행복 계약서의 장점과 단점은 무엇인가요?

장점은 무척 많아요. 첫째, 경제 공부가 저절로 된다는 점이에요. 많은 친구가 사회 초년생인 지금까지도 '부모님 돈 = 내 돈'이라고 생각하는 것 같더라고요. 물론 돈이 넘치도록 많아서 그렇게 살면 좋겠지만, 우리 가족은 돈이 많아도 그러지는 않을 것 같아요.

부모님과 내 돈을 일찍이 별개의 것으로 생각할 수 있게 되고, 대출을 받으면서 이 돈을 상환하는 것까지 생각해야 하니까 돈을 함부로 쓰지 않게 돼요. 그 과정에서 돈을 현명하게 쓰는 방법을 터득하고, 소비에 대해 신경 쓰게 되는 것이 좋은 점인 것 같아요. 상환할 때쯤 되면 급여를 받게 되니까 이제는 상환과 함께 저축, 투자에 자연스럽게 눈이 가서 경제 공부를 할 수밖에 없게 되고, 경제 공부의 선순환이 이루어진다는 점을 첫 번째 장점으로 꼽고 싶어요.

둘째, 젊은 날의 시간과 체력을 아낄 수 있어요. 앞에서 말했듯이 아르바이트는 저에게 좋은 경험이었지만, 그것이 제 삶이 되었다면 지금과 같은 생각이나 체력을 유지할 수 있었을지 자신할 수 없어요. 부모님은 제게 "아르바이트보다 그 시간에 책을 읽어라." 라고 자주 말씀하셨어요. 대출을 받으면서 제가 그 돈을 벌기 위해 쓸 시간과 에너지를 다른 경험에 활용할 수 있음에 감사했어요.

셋째, 부모님과 깊은 소통을 할 수 있어요. 친구들을 보면 부모님과 돈 이야기를 별로 안 하는 것 같았어요. 그런데 행복 계약서를 쓰면서 대출금이나 상환액 등을 솔직하게 이야기할 수밖에 없고, 추천 도서를 읽고 그것에 대해 말하며 다양한 이야기를 나눌 수 있다는 점이 좋아요.

넷째, 자녀별로 공평하여 분란의 소지가 없어요. 각자 대출금과 상환액이 다르고 기록이 남아 있기 때문에 누구를 더 주고 덜 주고의 문제가 없어요. 자기가 받아 간 만큼 다시 돌려놓으면 돼요. 나중에 결혼 자금이나 독립 자금도 마찬가지이니까, 드라마에서처럼 눈치 싸움을 하거나 형제간에 갈등이 생기는 등 돈과 관련된 싸움을 걱정할 필요가 없어요. 저는 제가 여러모로 제일 많이 받았다고 생각하기 때문에 동생들에게 더 줘도 좋을 것 같아요. 부모님께서 그럴 일은 없겠지만, 만약 그렇다고 해도 저는 여전히 좋습니다.

그런데 아무리 생각해 봐도 단점은 떠오르지 않아요. 현재 저는 상환하는 단계임에도 대출금이 예상외로 많지 않아서 크게 부담이 되지 않아요. 상환할 때마다 부모님께 그동안 대출금을 빌려주신 것에 감사한 마음이 들어요.

우리 가족의 특별한 계약,

행복 계약서

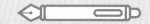

1. 행복 계약서를 처음 쓰자고 했을 때, 어떤 느낌이었나요?

왜 써야 하는지에 대한 설명은 잘 이해했지만, 처음에는 구속되는 것 같아 기분이 썩 행복하지는 않았어요. 그런데 행복 계약서의 취지를 이해하고 직접 경험해 보니, 나쁘지 않은 것 같다고 생각했어요.

2. 친구들에게 행복 계약서 이야기를 했을 때, 반응은 어땠나요? 어떻게 설명했나요?

저는 부모님께 용돈을 받는 것이 아니라 계약에 따라 대출을 받는다고 설명했어요. 계약에는 몇 가지 조건과 독후감 등의 과제가 있다고 간단하게 말했죠. 친구들의 반응은 두 부류로 나뉘었는데, 가족끼리 그런 계약을 하는 게 좀 그렇다는 부정적인 의견과 계약서에 좋은 점도 있어 보인다는 중립적인 의견이었어요. 자기 가족이 쓰자고 하면 그냥 쓸 것 같다는 친구도 있었고 자신은 절대 안 쓰겠다는 친구도 있었어요.

3. 지금까지 얼마나 대출받았는지 알고 있나요?

정확히는 모르지만, 대략 2,000만 원 내외일 것 같아요.

4. 나중에 자녀가 생기면 행복 계약서를 도입할 계획인가요? 아니면 다른 계획이 있나요?

계약서는 쓰지 않을 것 같아요. 하지만 함께 책이나 영화를 감상하고 주기적으로 생각을 나누거나 감상을 기록하는 것은 같이 할 것 같아요. 그리고 자녀가 성인이 되면 바로 독립시키는 것은 저도 똑같이 할 생각이 있어요.

5. 행복 계약서의 필독서를 읽으며 가장 기억에 남는 점은 무엇인가요?

재미있는 책이 많았어요. 특히 『싯다르타』는 제가 살면서 절대 읽어볼 것 같지 않은 책이었는데, 재미있게 읽었어요. 고전이나 문학 중에 의미 있는 책을 더 읽어 보고 싶어요.

6. 행복 계약서를 이행하며 가장 힘들었던 점은 무엇인가요?

독후감을 쓰는 것은 좋았지만, 시간을 내서 책을 읽어야 한다는 것이 어려웠어요.

7. 그동안 대출한 돈을 어디에 가장 많이 썼나요? 어떻게 사용했나요?

생활비, 월세, 식비에 가장 많이 썼어요.

8. 대출해 주는 돈이 적다고 느꼈나요, 아니면 많다고 느꼈나요?

매우 충분하다고 느꼈어요.

9. 행복 계약서를 이행하면서 아르바이트를 한 적이 있나요? 그렇다면 이유는 무엇인가요?

대학교 2~3학년 동안은 내 힘으로 살아보고 싶어서 아르바이트 했어요.

10. 행복 계약서 당사자가 이야기하는 행복 계약서의 장점과 단점은 무엇인가요?

장점은 계약서를 모두가 잘 이행한다면 가족이 행복해질 것 같다는 점이에요. 단점은 만약 동의하지 않는 가족 구성원이 있다면 계약을 하기가 어려울 것 같다는 점이에요.

행복 계약서가 가져다준
삶의 변화

1. 행복 계약서를 처음 쓰자고 했을 때, 어떤 느낌이었나요?

처음에 가족끼리 계약서를 쓴다고 했을 때 느낌이 이상했어요. 가족 사이에 계약서라니, 솔직히 재벌들 사이에서나 들어 볼 법한 이야기라 평범한 가정에서 계약서를 쓴다는 것이 이해되지 않았죠. 중학생 때 이 사실을 듣고 정말 하기 싫어서 가족 앞에서 펑펑 울었던 기억이 납니다. 왠지 강제성이 있다고 느꼈기 때문이에요. '안 하면 내가 이 가족에서 제외되겠구나.'라는 생각이 들었죠.

그렇지만 부모님도 뜻이 있겠거니 생각했고, 언제든지 안 하고 싶으면 안 해도 된다고 말씀하셔서 결국 하겠다고 했던 것 같아요. 그러던 중 제가 고등학교에 진학하고 성인이 되면서 점차 부모님이 이 계약서를 왜 제안하셨는지 그 뜻을 알게 되었어요. 부모님은 "우리는 자본주의 시대에 살고 있으니 자본주의의 룰을 따라야 한다."라고 말씀하셨어요. 저는 행복 계약서를 통해 자본주의 시대의 룰을 점차 체득했습니다.

사회 분위기상 '돈'에 대해서 말하고 공부하는 것을 좋아하지 않잖아요. 그래서 '돈'에 대해 말하면 '밝힌다'라는 표현으로 낙인이 찍히기도 하잖아요. 하지만 이런 사회 분위기와는 달리 사람들은 마음 한편에 항상 '돈'에 대한 걱정을 안고 살아갑니다. 바로 이런 악순환을 막고, 자본주의의 룰을 하루빨리 알고 현명하게 사는 방법을 알려 주고자 행복 계약서를 만든 것이 아닌지 생각하게 되었습니다. 부모님의 뜻을 알게 된 이후, 어렸을 때 철없던 시절을 돌아보게 되었고, 부모님이 지혜로운 분들이라는 점에 감사하게 생각하고 있습니다.

2. 친구들에게 행복 계약서 이야기를 했을 때 반응은 어땠나요? 어떻게 설명했나요?

행복 계약서를 친구들에게 설명할 때 가장 큰 틀은 돈 공부라는 점을 강조했어요. 돈을 대출하고 갚는 방식에만 치우치면 자칫 행복 계약서의 뜻이 변질될 수 있으니까요. 그래서 큰 틀은 경제 공부를 통해 빨리 경제적 독립을 할 수 있도록 돕는 계약서라고 설명했어요. 그 뒤에 독립, 결혼, 사전 증여, 행복 계약서 순으로 이야기했죠.

부모님의 지원은 고등학교까지 무조건이라는 점, 성인이 된 이후부터는 학기당 최대 500만 원 대출이 가능하다는 점, 취직 후 월급의 10% 이상으로 빌린 돈을 갚아야 한다는 점, 독립과 결혼을 할 경우 그동안 모아 놓은 돈만큼 다시 대출이 가능하다는 점, 부모님이 75세가 되는 시점에 계약 이행을 잘한 자녀에게는 조건부 사전 증여를 한다는 점 등을 설명했어요. 이 모든 것은 이전 계약이 잘 이행되고 가족 구성원으로서의 의무를 다한 자녀에게 한하여 지원이 가능하다는 점도요.

친구들의 반응은 두 가지로 나뉘었어요. 첫 번째 반응이 제일 많았는데, "헐, 가족끼리 계약서를 쓴다고?", "부모님 뜻은 알겠지만 난 못 할 것 같아.", "너 정말 힘들었겠다. 지금도 하고 있어?" 등이었어요. 두 번째 반응은 극소수였는데, "와, 너희 집 진짜 대단하다.", "어쨌든 큰 뜻은 돈 공부라는 거네.", "너희 부모님 나도 만나고 싶어!", "너희 부모님 정말 지혜로우시다." 등이었어요.

3. 지금까지 얼마나 대출받았는지 알고 있나요?

대학교 3학년 때 부모님께 그동안 얼마를 대출받았는지 여쭤봤어요. 확인하기 전에 왠지 모르게 두려웠던 기억이 납니다. 저는 사립대학교에 진학해서 언니, 오빠보다 더 많은 빚을 졌을 거라는 사실은 거의 안 봐도 비디오였기 때문이죠. 그때를 기준으로 2,000만 원대 후반이었던 것으로 기억해요. 지금까지 총 얼마 정도 대출받았는지 정확히는 모르지만, 그동안 배우고 싶었던 것을 지원받았으니 3,000만 원 후반대일 것 같습니다.

4. 나중에 자녀가 생기면 행복 계약서를 도입할 계획인가 요? 아니면 다른 계획이 있나요?

나중에 자녀가 생길지는 모르겠지만, 만약 생긴다면 행복 계약 서를 하면 좋을 것 같아요. 하지만 처음부터 "이런 계약이 있으니 해 보자."라는 분위기보다는 편안한 분위기에서 "이런 게 있다더라." 하면서 운을 떼고, 일상생활 속에서 자연스럽게 스며들게 할 것 같습니다. 처음부터 "이런 계약서를 쓰자!"라고 하면 오히려 거부감이 생길 것 같으니, 행복 계약서를 하는 시기도 중요할 것 같아요. 사회 전반에 대한 이해가 서서히 시작될 때 하게 된다면 이 계약서가 본인에게 어떻게 도움이 되는지 스스로 판단할 수 있을 테니까요.

5. 행복 계약서의 필독서를 읽으며 가장 기억에 남는 점은 무엇인가요?

행복 계약서의 필독서를 읽으면서 가장 기억에 남았던 것은 세 가지예요.

첫째, 그동안 경제에 관한 많은 편견을 극복할 수 있었습니다. 사회 분위기상 '돈'에 대해 말하기를 꺼려했는데, 경제 관련 서적을 읽고 '아하, 돈이 나쁜 것이 아니구나!'라는 것을 알게 되었어요. 돈은 그저 돈일 뿐인데 제가 색깔을 입히고 바라봤던 사실을 깨달았죠.

둘째, 소비와 생산의 관점에 대해 배웠습니다. 소비적 관점과 생산적 관점의 차이가 훗날 많은 격차를 만든다는 것을 알게 되었어요. 소비는 그저 소비하면 그만이지만, 생산은 하나의 파이프라인을 만들어내는 것과 마찬가지이기 때문입니다. 그래서 행복 계약서를 통해 언제나 생산적 관점으로 바라볼 수 있는 시각을 가지게 되었습니다.

셋째, 배움의 즐거움을 알게 되었습니다. 어렸을 때는 책 읽는 것을 별로 좋아하지 않았어요. 하지만 성인이 된 후 책을 통해 몰랐던 사실을 알게 되고, 읽으면 읽을수록 저 자신을 알아가는 시간을 가질 수 있었습니다. 한번은 책을 읽다가 생각이 떠올라 글을 적고 있었는데, 그때 정말 행복한 기분이 들었고 뭐든지 다 할 수 있을 것 같다는 생각이 들며 온몸에 소름이 돋았어요. 그리고 저도 몰랐던 제 안에 있는 잠재된 생각과 의식을 깨우는 느낌이 들었습니다. 이후에 책을 항상 가까이 두려고 노력했고 책은 곧 나를 알아가는 시간이라고 생각하며 재미있게 읽었어요.

6. 행복 계약서를 이행하며 가장 힘들었던 점은 무엇인가요?

힘들었던 점은 거의 없고, 솔직히 부모님께 감사한 마음이 컸어요. 입에 발린 말이 아니라 정말 그렇게 느꼈습니다. 노후에 대한 준비 없이 자녀들 교육비에 모든 것을 투자하는 부모님들이 있는 반면, 부모님은 노후 준비를 하시면서 어떻게 행복하게 살지에 대한 장치(행복 계약서)를 마련하셨으니 얼마나 많은 생각을 하셨을까 생각했어요.

군이 하나를 말하자면, 독후감을 행복 계약서 필수 독후감 리스트 중에서만 읽고 써야 한다는 것이 조금 힘들었다면 힘들었던 일이라고 말할 수 있습니다. 독후감 리스트 이외에도 읽은 책이 많은데 그것은 포함이 안 된다고 하시니 조금 아쉬웠어요.

7. 그동안 대출한 돈을 어디에 가장 많이 썼나요? 어떻게 사용했나요?

그동안 대출한 돈은 크게 월세 및 관리비, 식비, 교통비, 생활비, 교육비, 품위 유지비, 문화생활비로 많이 사용했어요. 그중에 제일 큰 지출은 월세 및 관리비(주거비)와 식비였던 것 같습니다. 아무

래도 자취를 하다 보니 고정 지출 비용이 생겨서 큰 부담을 느꼈어요. 또한 배우고 싶은 것도 많아서 자격증 취득 비용과 운동 비용에 지출했죠.

그래서 이런 고정비용을 제외하고 식비와 생활비에서 어느 정도 줄이고자 친구들과 나가서 사 먹는 비용을 대폭 줄이고, 혼자 1주일 치 장을 보고 계속 해 먹는 습관을 들이려고 했어요. 그랬더니 음식을 만드는 솜씨도 제법 늘고, 혼자 해 먹는 재미를 느끼게 되었어요. 수업 중에도 오늘 뭐 해 먹을지 생각하는 것도 하나의 낙이 될 정도로 자취의 맛을 제대로 느꼈습니다.

8. 대출해 주는 돈이 적다고 느꼈나요, 아니면 많다고 느꼈나요?

1학기 때 등록금을 제외한 금액 약 350만 원을 받으면 그걸로 약 6개월을 살아가야 하는데, 월세 및 관리비만 해도 월 25만 원(LH나 청년주택에 살 경우)이 들어가요. 그러면 월세 및 관리비로 25만 원 × 6개월 = 150만 원, 한 달 식비 대략 20만~30만 원으로 20만 원 × 6개월 = 120만 원으로 의식주에서 의(衣)만 뺀 가격이 270만 원입니다. 그러면 350만 원 - 270만 원 = 80만 원으로 6개월 동안 쓸 생활비가 한 달에 대략 13만 원이라는 계산이 나옵니다.

그렇기에 자취하는 저에게는 부족할 수 있는 금액이었어요. 그래서 따로 구청 인턴 근로, 유튜브 편집 알바, 학교 교내 근로, 과내에서 실시하는 파트타이머 일을 하며 필요한 금액을 충당했어요.

9. 행복 계약서를 이행하면서 아르바이트를 한 적이 있나요? 그렇다면 이유는 무엇인가요?

행복 계약서를 이행할 당시 자취를 했기 때문에 돈이 거의 '주거 비용'으로 들어갔어요. 또한 남자 친구가 생기면서 데이트 비용도 추가로 발생했죠. 그동안 경험이 없어서 생각하지 못했던 것이 바로 데이트 비용이었어요. 놀러도 가야 하고, 밥 먹고 카페 가고 영화 보고 등등 하려면 하루에만 나가는 돈이 많았어요. 또한 자기 계발(교육비)로도 많이 지출했고요.

그래서 다른 알바와 병행은 필수적이었어요. 제가 했던 알바는 부모님 유튜브 편집 알바와 교내 근로, 구청 인턴 등을 통해 부족한 비용을 채워나갔어요. 또한 웃긴 말이지만, 학교 내에서 공모전을 하면 열심히 참여해서 장려금을 받아 마음의 안정을 찾기도 했습니다.

10. 행복 계약서 당사자가 이야기하는 행복 계약서의 장점과 단점은 무엇인가요?

제가 생각한 행복 계약서의 장점은 다음과 같습니다.

1) 경제에 민감해진다.

2) 돈에 관련된 서적에 관심이 많아진다.

3) 가족끼리 돈과 관련해서 투명해진다.

4) 사소한 도움도 당연하다고 생각하지 않게 된다(다른 가정처럼 부모님이 자녀에게 도움을 줄 때 당연하다는 생각에서 일찍이 벗어날 수 있었어요).

5) 스스로 삶을 설계하고자 하는 생각을 일찍이 하게 된다.

6) 돈의 소중함을 알게 된다.

단점은 성인이 되어서도 돈과 관련해 부모의 영향을 받을 수 있다는 점입니다.

행복 계약서를 쓰기 전에
보면 좋은 영상

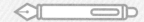

번호	영상 제목	QR code
1	(1편) 행복 계약서 – 우리 가족 경제 청사진 : 딸아, 더 이상의 지원은 없다! – 자녀의 교육비 생활비 지원, 어디까지?	
2	(2편) 행복 계약서 – 우리 가족 경제 청사진 : 아들아, 결혼 자금 얼마면 되겠니? – 자녀의 결혼 자금, 자녀에게 맞는 배우자 찾기	
3	(3편) 행복 계약서 – 우리 가족 경제 청사진 : 상속하기 좋은 날 / 사전 증여 or 조건부 증여 or 사후 증여 무엇이 좋을까?	
4	행복 계약서 간단하게 요약해드립니다! 행복한 가정을 위해서는? 우리 가족 행복 계약서!	
5	행복 계약서 원본 뚜부네와 함께 읽어봐요! – 행복한 가정을 위한 우리 가족 행복 계약서	
6	온가족 돈공부로 짱짱하게 노후준비 하는법/ 사전증여/ 결혼 자금.독립 자금/가족경제청사진/국토대장티비 인터뷰영상	
7	'이것'을 했을 뿐인데, 노후 걱정 싹 사라지고, 자녀들 모두 효자됐어요. 행복계약사 Q&A	

8	들어 보셨나요? 주택연금 아니고 가족연금. 주택연금의 장단점과 해결방법. 부모와 자녀의 동상이몽을 해결하는 방법	
9	죽기 전 70대에 자녀에게 사전증여해야 하는 3가지 이유	
10	대학은 너희 돈으로 다니렴, 엄마 아빠 노후가 힘들다! – 자녀들 학비, 대학까지 지원해야 할까? 현명한 자녀 교육 및 노후 준비 비법	
11	연애는 필수, 결혼은 선택. 결혼 자금은 너희가 마련하렴! 자녀의 결혼 자금/독립 자금, 어디까지 지원해야 할까?	
12	자녀의 학자금 – 결혼 자금/독립 자금 – 사전증. 이것 하나로 모두 해결. 우리 가족 경제 청사진 행복 계약서 전편	
양식	행복 계약서 신청 폼	

가족만의 방식으로
함께해 가는 행복 계약서

우리 부부는 3주간의 남미 여행을 마치고 새벽에 인천공항에 도착했다. 몸은 피곤했지만, 마음은 설렘으로 가득했다. 저녁에는 오랜만에 아들이 집에 온다. 임용고시에 합격해 정식으로 '선생님'이 된 아들을 축하하기 위해 큰딸과 막내딸도 함께 모일 예정이다. 오랜만에 온 가족이 한자리에 모여 행복한 시간을 보낼 생각에 가슴이 벅찼다.

집에 들어서자 반갑게 달려온 막내딸이 환한 미소로 우리를 맞아 주었다. 그 웃는 얼굴을 보니, "역시 우리 집이 최고지!"라는 생각이 절로 들었다. 그런데 막내딸은 분주하게 외출 준비하고 있었다. 평택에 있는 초등학교 체육 선생님 1차 시험에 합격해, 오늘

면접을 보러 간다는 것이었다. 면접 시간이 빠듯해 보여 순간, "서두르지?"라는 잔소리가 나올 뻔했지만, 꾹 참았다. 혹 늦을까 봐 걱정되어 머릿속이 복잡해졌다. 내가 직접 차로 데려다주는 게 나을까 싶어 남편과 빠르게 눈빛으로 대화를 나눴다.

'차로 태워다 줄까?'

'아니야, 혹시 늦어서 면접에 떨어지더라도 그것도 경험해야지. 우리가 개입하지 말자.'

부모라면 누구나 자녀가 어려움을 겪지 않도록 돕고 싶어 한다. 하지만 우리가 자녀들에게 가르치고 싶었던 것은 '혼자서도 잘하는 힘'이었다. 완벽한 길을 만들어 주는 대신, 시행착오 속에서 스스로 길을 찾아가는 경험을 하게 하자. 그것이 부모의 역할임을 우리 부부는 직접 겪으며 깨달아 왔다.

그렇게 막내딸을 배웅한 지 몇 시간 후, 전화벨이 울렸다.

"엄마, 나 합격했어! 나도 선생님이 되었어!"

전화기 너머 들려오는 막내딸의 목소리에는 기쁨과 흥분이 가득했다. 우리 세 아이가 모두 교사가 된 순간이었다. 스스로 길을 찾아 한 걸음씩 나아가는 아이들의 모습을 보며, 우리는 그저 감사한 마음으로 가슴이 뭉클해졌다.

아들이 올 때까지 잠시 눈을 붙이니 피곤이 좀 풀렸다. 세 아이가 이미 저녁을 먹고 들어왔으니 곧바로 파티하자며 큰딸이 샴페인을 들고 나왔다. 피곤한 우리를 배려해 큰딸이 한턱 낸 모양이다. 샴페인으로 축하 건배를 한 후, 늘 그랬듯 보이차를 우렸다. 보이차를 마시다 보면 어느새 3시간쯤은 훌쩍 지나가곤 한다.

온 가족이 이야기꽃을 피웠다. 아들은 임용고시 합격 과정에서 얼마나 운이 좋았는지, 면접에서 받은 질문과 자신의 답변을 신나게 풀어놓았다. 막내딸은 기간제 교사 모집 공고를 보고 무려 50곳이나 지원했다고 했다. '언젠가 받아 주는 곳이 있겠지.'라는 마음으로 포기하지 않고 계속 도전했고, 초등학교 체육 전담 선생님이 가장 적성에 맞을 것 같아 꼭 되고 싶었는데, 운 좋게 원하는 학교에 합격했다고 했다.

"합격 발표 듣고 집에 오는 길에, 집 근처 학교 두 군데에서 서류전형에 합격했으니 면접 보러 오라고 전화가 왔어. 근데 난 이미 합격했으니까 정중히 사양했지. 처음 나를 뽑아 준 학교에 가야지. 그게 의리지!"

의젓한 막내딸의 모습을 보니 기특하고 대견했다. 큰딸은 이제 선배 교사가 되어 동생들에게 조언해 주었다. 직접 경험을 통해 배운 노하우를 동생들에게 하나씩 전해 주며 든든한 지원군이 되어 주었다. 우리 부부도 남미 여행을 다녀온 소감과 에피소드를 늘어놓으며 함께 웃고 떠들었다. 그렇게 그날 밤 축하 파티는 늦게까지 이어졌다.

그날 다시 한번 깨달았다. 우리 가족의 행복 계약서는 단순히 경제적 약속이 아니라, 인생을 대하는 태도 그 자체를 담고 있다는 것을.

이 책에서 소개하는 행복 계약서는 우리 가족만의 방식이다. 이 이야기가 모든 가정의 '정답'이 될 수는 없다. 하지만 부모와 자녀가 함께 대화하며 자신들만의 행복 계약서를 만들어 가는 과정이 무엇보다 중요하다는 것을 전하고 싶다. 우리 가족이 지켜 온 행복 계약서의 출발은 "꿈이 뭐야?"라는 아주 단순한 질문이었다. 중·고등학교 시절, 아이들은 "잘 모르겠어."라고 답했지만, 결국 스스로 길을 찾아냈다.

늘 엄마를 도우며 모범생 역할을 자처해 주었던 큰딸, 네가 없었다면 지금의 엄마는 어떻게 버텼을까. 늘 고맙고, 사랑한다.

음악과 친구를 좋아하던 아들, 네가 교직이 천직이라는 걸 알게 되어 정말 기쁘다. 네가 찾아낸 꿈을 온 마음으로 응원해.

그리고 막내딸, 적성을 찾아 거침없이 앞으로 나아가는 네 모습이 정말 대견하고 감동스럽다.

우리 가족은 행복 계약서를 지키며 서로를 존중하고 각자의 행복을 찾아가고 있다. 그리고 삶은 우리가 생각한 것보다 훨씬 더 좋은 것들을 가져다줄 것임을 믿는다. 이 책을 읽는 독자들도 우리 가족처럼 각자의 방식으로 행복을 설계하고 만들어 갈 수 있길 진심으로 바란다. 서로를 존중하며, 인생을 재미있고 의미 있게 살아가자.

공마와 공빠 드림

행복
계약서

초판 1쇄 인쇄 2025년 3월 20일
초판 1쇄 발행 2025년 3월 25일

지은이 공빠TV
책임편집 하진수
디자인 그별
펴낸이 남기성

펴낸곳 주식회사 자화상
인쇄,제작 데이타링크
출판사등록 신고번호 제 2016-000312호
주소 경기도 고양시 덕양구 꽃마을로 34, 1006호,1007호(향동동, DMC스타팰리스)
대표전화 (070) 7555-9653
이메일 sung0278@naver.com

ISBN 979-11-94440-04-8 13330

ⓒ공빠TV